Max von Kienlin

Das kurze Seil

Inhalt

Das kurze Seil

Michael Pointer, von Kollegen »der Spürhund« genannt, saß in einem kleinen Café in San Miguel de Tucumán im Nordwesten Argentiniens. Der Journalist eines Wochenblattes in Hamburg hatte die weite Reise gemacht, um dem Versuch der Erstbegehung einer Wand in den unweit gelegenen Anden nahe zu sein und die beiden Bergsteiger zu interviewen, die diese Unternehmung wagen wollten. Sie hatten die letzten Novemberwochen als günstigen Zeitraum gewählt, denn dann herrscht auf dem südlichen Teil der Erde Frühsommer.

Die Erwarteten traten ein und setzten sich nach freundlichem Händeschütteln und der Ablage ihres Marschgepäcks an den Tisch. Den Älteren der beiden kannte Pointer schon persönlich von mehreren gemeinsamen Gesprächen. Rudi Meinhold war ein längst in den Medien bekannter Alpinist und Teilnehmer bedeutender Expeditionen. Der kräftige Mittdreißiger hatte die schulterlangen braunen Haare mit einem zum Stirnband gedrehten Kopftuch nach hinten gebunden, sein Vollbart war kurz gehalten, als wäre er nicht älter als zwei bis drei Wochen. Sein Lächeln wirkte etwas künstlich und seine Augen vermittelten dabei einen Ausdruck von Härte.

Michael Pointer bewunderte diesen hervorragenden Bergsteiger, der als Fels- und Eiskletterer schon manche Bravourstücke vollbracht hatte. Über sie hatte er schon mehrmals spektakulär in seinem Magazin berichten können. Meinholds Kamerad stellte sich als Tobias Lamberg vor. Er war wohl sechs bis acht Jahre jünger, mit glatt rasiertem Gesicht, aus dem zwei muntere, liebenswürdige Augen blickten. Die blonden Haare waren verschwitzt und unfrisiert.

Pointer wandte sich an den Älteren und fragte, wie gewohnt: »Herr Meinhold, ist es Ihnen recht, wenn ich das Tonband während des Gesprächs laufen lasse?«

»Tun Sie das, Herr Pointer,« antwortete dieser. »Wir haben allerdings nicht viel Zeit, weil wir den Bus nach Santa Maria erreichen müssen.«

Michael stellte sein kleines Gerät ein und begann:

»Rudi Meinhold, Sie wollen in einer kurzen und konzentrierten Aktion die noch unbestiegene Ostwand des Cerro Galan, der immerhin 6600 Meter hoch ist, zu zweit durchsteigen ...«

»Ja!« Der Angesprochene übernahm sofort die Initiative. »Das ist ein lang gehegter Wunsch von mir. Nachdem der Versuch einer argentinischen Mannschaft vergangenes Jahr gescheitert ist, weil sich zur heißen Jahreszeit zu viele Steinschläge lösen und ...«

»Weil eine Schlechtwetterperiode ...«

»Ganz recht, das Wetter ist immer ein bestimmender Faktor. Jetzt ist es kühler, das Eis ist fester und wir wollen zu einem günstigen Zeitpunkt durch Schnelligkeit die Chance wesentlich vergrößern.«

»Warum haben Sie für dieses Unternehmen Tobias Lamberg als Partner gewählt?« Mit einer etwas entschuldigenden Geste sah Pointer diesen an.
»Tobias ist ein ausgezeichneter und zuverlässiger Bergsteiger, auch wenn er nicht, wie ich, in den Alpen geboren ist. Wir haben gemeinsam trainiert und ich sehe kein Problem.«
»Es war mein heißer Wunsch, einmal eine große Tour mit Rudi machen zu können, und ich bin stolz darauf, dass er mich akzeptiert hat«, warf Tobias kurz ein.
»Wir wollen möglichst ein Biwak in höherem Bereich vermeiden, weil das kräftezehrend ist und das Risiko eines Wettereinbruchs deutlich größer ist. Dadurch würde man oben festgenagelt und wäre auf Reserven angewiesen, die man wiederum hoch schleppen müsste.« Rudi Meinhold war nun in seinem Element und Pointer kannte diese Grundsätze schon aus früheren Interviews.
»Wie ich Sie kenne, haben Sie die Wand aus Fotografien und Beschreibungen studiert und kennen die Problemstellen.«
»So gut das möglich war, ja. Im oberen Teil befindet sich ein mehrere Meter senkrecht ansteigendes Felsstück. Das ist wahrscheinlich die Schlüsselstelle der Tour, von mir die ›Große Stufe‹ genannt, die wohl unumgehbar ist und überwunden werden muss. Das sollte aber technisch machbar sein.«
Pointer wies auf die großen Rucksäcke hin:
»Wollen Sie das alles hinauftragen?«
»Für den Anmarsch zum vorgesehenen Basislager versuchen wir zwei Träger anzuwerben, um Kräfte zu sparen.

Das Hauptgepäck lassen wir dann dort und steigen mit geringster Belastung in die Wand ein. In Santa Maria kaufen wir noch einige Utensilien. Seile gibt es heute überall in guter Qualität, aber jeder hat schon auch seine persönlichen Sachen dabei, von denen er sich nicht gerne trennt: Einen Eispickel, der gut in der Hand liegt, Steigeisen, die genau passen und ...« er sah seinen Kameraden an und erinnerte: »Trockenobst brauchen wir auch noch.« Dann schaute er auf die Uhr, gab Tobias einen leichten Klaps auf die Schulter und sagte:

»Wir müssen gehen! Herr Pointer, vergessen Sie nicht, die argentinische Presse zu informieren. Ich bringe Ihnen bei unserer Rückkehr Fotos mit, vom Gipfel natürlich!« Er lachte. Die beiden Bergsteiger schulterten ihre Rucksäcke, grüßten und verließen das Café, während sich der Journalist noch einige Notizen machte.

Nach längerer Busfahrt über Nacht suchten Rudi Meinhold und Tobias Lamberg anderntags in Santa Maria ein ihnen empfohlenes Sportgeschäft auf. Der Inhaber sprach ziemlich gut Deutsch und Tobias wollte vierzig Meter Seil ausmessen lassen.

»Wozu vierzig?« Rudi schüttelte den Kopf. »Das ist eine unnötige Belastung, wir brauchen allenfalls zwanzig Meter Seil.«

»Wer weiß?« Tobias versuchte zu argumentieren. »Wenn wir am Wandfuß sind, sehen wir mehr und können immer noch kürzen.«

»Auch bis dahin haben wir einen beschwerlichen Marsch, aber wenn es dich beruhigt, meinetwegen.«

Der Verkäufer rollte nach der endgültigen Entscheidung vierzig Meter ab. Auf dem Markt kauften sie noch getrocknete Aprikosen und bestiegen einen Jeep, der sie auf holpriger Straße nach Cafayate brachte, einen kleinen Ort mit weit verstreut liegenden Hütten und Häusern. Dort erkundigten sie sich, wie empfohlen, nach Trägern. Nach etwas mühsamen Gesprächen mit Dorfbewohnern gelang es, zwei kräftige junge Burschen zu finden, die erfahren und bereit waren, gegen mäßiges Salär den Hauptteil des Gepäcks zu tragen. Auch sollten sie den Bergsteigern mit ihrer Ortskenntnis den günstigsten Weg zu dem schmalen Tal zeigen, welches der Ostwand des Cerro Galan vorgelagert ist. Die beiden Träger nahmen ein eigenes, altes Zelt mit, denn auf dem langen Marsch musste übernachtet werden und im vorgesehenen Lager zu Füßen der Wand sollten sie auf die Rückkunft der Bergsteiger warten.
Das Wetter war wechselhaft mit teils beachtlichen Niederschlägen. Den Kameraden war klar, dass dies auf dichten Schneefall am Berg schließen ließ, was ihre Absicht nicht begünstigte. Dichter Nebel behinderte zudem die Sicht auf den inzwischen nahen Berg. Das veranlasste Rudi ausnahmsweise zu langsamerem Gehen.
»Ich brauche klare Sicht auf die Wand aus guter Distanz«, sagte er, »um besonders den oberen Bereich richtig einschätzen zu können. Wenn wir am Einstieg sind, haben wir keine realistische Perspektive mehr.«
Immer wieder nahm Rudi das auf Tobias' Rucksack befestigte Fernglas zur Hand in der Hoffnung, zwischen zwei Wolkenbändern den Berg möglichst frontal be-

trachten zu können. Als es schließlich gelang, übergab er Tobias das Glas:

»Die Linie, die wir steigen müssen, ist klar. Die Rinne links wäre wohl etwas einfacher, ist aber wegen der Steinschläge tagsüber zu gefährlich.« Er hielt kurz inne: »Siehst du denn etwa dreihundert Meter unter dem Gipfel den Sérac? Das ist die Schlüsselstelle, die Große Stufe, die wir nicht umgehen können, weil auf beiden Seiten Überhänge und Abstürze sind. Dafür brauchen wir unbedingt das Seil und einige Eisschrauben. Es sind allenfalls acht bis zehn problematische Meter und, wie ich schon sagte, es reichen uns zwanzig Seilmeter, dann können wir uns beim Rückweg dort auch abseilen und das Seil dann nötigenfalls zur weiteren Sicherung im Abstieg nutzen.«

»Weiter rechts könnten wir die Problemstelle vielleicht umgehen«, warf Tobias ein.

»Das ist von hier aus jedoch nicht einsehbar. Es könnte uns auch sehr viel Zeit kosten. Außerdem liegt der Bereich im Norden, was hier zu Lande wegen der Sonneneinstrahlung am Mittag gefährlich ist.«

Tobias stimmte zu und war voller Bewunderung für die Erfahrung und Weitsicht seines Partners.

Sie marschierten weiter und das Wetter wurde immer besser. Die Sonne war schon hinter dem mächtigen Bergmassiv verschwunden, als sie die karge Wiese erreichten, von der aus der Einstieg in die Wand beginnen konnte, die sich nun gewaltig vor ihnen erhob. Schnell waren die beiden Zelte errichtet, und die helfenden Träger, die nur wenige Brocken Englisch verstanden, wurden in ihre Aufgaben eingewiesen, auf alles zu achten und die Rückkehr abzuwarten. Die Wolken hatten sich aufgelöst und eine sternklare Nacht verhieß den hoffnungsvollen Männern ein gutes Gelingen.

Noch vor Sonnenaufgang machten sie sich bereit. Tobias gab einem der Träger noch schnell einen Brief an seine Eltern. Dann verstaute jeder das Allernötigste in seiner Gürteltasche; den Hochtourenrucksack für Tobias bepackten sie mit Biwaksack und wichtigen Reserven, Fotoapparat, Nahrung und Mineralwasser. Rudi schnitt das Seil in der Mitte durch, schlang eine Hälfte zusammen und hängte sie sich um. Die andere Hälfte ließ er zurück. Schutzhelme und Stirnlampen auf den Kopf gezogen, Steigeisen, Eispickel, Eisschrauben und Haken zweckmäßig befestigt, begannen sie um halb vier den Aufstieg über ein zunehmend steiler ansteigendes Geröllfeld.

Außer den eigenen Schritten und dem gleichmäßigen Atem war kein Laut zu vernehmen. Die Sterne verblassten, die Sonne ging auf und die Luft war frisch und klar, als sie den ersten Schnee betraten, der vom starken Wind des Vortags verweht und an einigen Stellen hart war. Rudi übernahm wie vereinbart die Führung, da Tobias schwerer trug und dafür die Spuren des anderen nutzen konnte. Sie durchstiegen das teils schneebedeckte, teils felsdurchsetzte Gelände, bevor die aufsteigende Sonne mit schmelzender Kraft ihren sicheren Zusammenhalt aufweichte. Ein steiles Felsband erforderte zum ersten Mal bedachtes Klettern, aber sein Schwierigkeitsgrad machte bei den geübten Bergsteigern keine Sicherung nötig.

Beide fühlten sich noch in bester Kondition, als Rudi das erste Mal zum Eispickel greifen musste, um gelegentlich kleine Standplätze herauszuschlagen. Das Eis war im Inneren noch hart, wenn auch die nun schräg stehende Sonne schon seine Oberfläche antaute. Die Waden begannen zu schmerzen, da die Frontzacken der Steigeisen bei jeder Aufwärtsbewegung ins Eis eingeschlagen werden mussten, um Halt zu finden in dieser steilen Struktur. Tobias fühlte mehr und mehr das Gewicht des Rucksacks und konnte gelegentlich seinem Vordermann, der sich konzentriert höher kämpfte, nicht in gleichem Abstand folgen. Einmal brach sein Tritt etwas ein und er verhinderte nur durch einen schnellen Hieb mit der Pickelhaue, dass er abrutschte. Darauf verharrte er eine halbe Minute und fühlte, wie ihm der Schweiß den Rücken entlang lief. Die Hitze der Sonnenstrahlen zeigte allmählich Wirkung. Wasser lief perlend über das weicher werdende Eis, und in das links gelegene Kar stürzten tanzend und polternd Eis- und Felsbrocken, die sich hoch oben gelöst hatten.
Rudi hielt an, nestelte an seinem Handschuh und sah auf die Uhr.
»Noch sind wir halbwegs in der Zeit«, rief er Tobias zu. »Aber wir müssen diesen Eisteil hinter uns kriegen, bevor er zu weich wird.«
Tobias schloss zu Rudi auf. Die Tritte waren jetzt leichter zu setzen, obschon es nicht weniger steil war, aber das Eis gab mehr und mehr nach.
Rudi deutete nach oben: »Wenn wir die kleine Rampe dort umgangen haben, machen wir eine kurze Rast.« Er

sagte das in der Erkenntnis, dass Tobias Mühe hatte, ihm zu folgen.
Um halb zehn erreichten sie einen schmalen Absatz. Tobias nahm den Rucksack ab und ließ sich erschöpft fallen; indessen entnahm Rudi eine Flasche und die Tüte mit den Aprikosenstücken. Er presste zwei Vitamintabletten ins Wasser und reichte Tobias das Gemisch. »Wir müssen trinken bei der Hitze«, forderte er den erschöpften Kameraden auf. »Wenn die Sonne bald etwas schräger zu uns steht, wird es besser.« Während sie noch aßen, meinte er: »Wir dürfen uns nicht lange hier aufhalten. Die Zeit drängt und außerdem ist dieser Platz lawinengefährdet. Wir queren etwas nach rechts und gehen dann den Grat entlang wieder nach links, da ist es sicherer.« Mit geübtem Blick musterte Rudi die Umgebung und Tobias fühlte sich sicher in Begleitung dieses erfahrenen Mannes.
Erneut spurte Rudi voraus. Tobias, nun ein wenig erholt, folgte ihm in gemessenem Abstand. Doch musste er bald feststellen, dass sich die Distanz zu Meinhold erneut vergrößerte und er zurückblieb. Das Hemd klebte schweißbedeckt an Brust und Rücken und der Rucksack zwang ihn, mit dem Oberkörper nach vorne gebeugt zu steigen, um sein Gleichgewicht zu halten.
Der Voraussteigende wartete und sah nach oben. Die Sonne war etwas bleicher geworden und ein heller Kreis umgab sie. Leichte Schleier zogen auf.
»Rudi«, fragte Tobias, als er keuchend bei ihm ankam, »wann lassen wir den Rucksack zurück, wie wir geplant haben?«

»Dort oben vor dem Felsvorsprung. Der ist später leicht auffindbar und ein sicherer Platz auch für ein eventuelles Notbiwak, wenn wir von oben zurückkommen und uns das Wetter Probleme macht. Du siehst ja, dass es etwas zuzieht. Vielleicht ist es harmlos, hoffen wir's. Jedenfalls müssen wir uns sputen.« Bei seinem letzten Satz lag Nervosität in Rudis Stimme und Tobias nickte einsichtsvoll.
Eine gute halbe Stunde später erreichten sie die kleine Nische vor dem Felsen, der wie ein Schild nach oben ragte und Tobias musste zugeben:
»Du hast Recht, es ist ein sehr sicherer Platz.«
Sie entnahmen dem Rucksack nur das Notwendigste für die weitere Besteigung und Rudi steckte dabei die kleine Fotokamera mit in seine Gürteltasche.
»Wir haben zu viel Zeit vergeudet«, raunte er Tobias ein wenig mürrisch zu. »Das Wetter ist nicht mehr ganz sicher, daher können wir jetzt nicht die leichtere Querung gehen, die ich gestern beschrieben habe. Du bist jetzt ohne Gepäck schneller und wir gehen die direktere Route bis zu den Zacken da oben. Von dort traversieren wir dann hinüber unter die Große Stufe, denn die wird uns auch noch ziemlich aufhalten.«

Beide atmeten nun schneller. Eine Höhe von etwa 6000 Metern zeigt selbst bei trainierten Höhenbergsteigern Wirkung. Tobias blickte hinauf. Natürlich traute er sich die steilere Route zu und ihm war auch klar, dass die Zeit in den Bergen und insbesondere in den Höhen einer der größten Risikofaktoren ist.

Der Rucksack wurde zurückgelassen, Rudi wechselte das Seil auf die andere Schulter und sagte: »Da wir nun durch diese Route sowieso schneller sind, kannst du das Tempo bestimmen und spuren. Der Untergrund ist jetzt weicher.«

Tobias übernahm diese Aufgabe mit zufriedenem Stolz: Er spurte nun für den berühmten Rudi Meinhold. Sie kamen auch seiner Meinung nach recht gut voran. Nach vierzig Minuten, es mochte etwa halb zwölf sein, wurde das Gelände etwas weniger steil, und als Tobias kurz verschnaufte, sah er, wie Rudi ihn seitlich wieder überholte. »Du steigst zu weit links«, rief dieser ihm zu. »Das gefällt mir nicht. Diese Mulde da ...« Tobias erkannte sofort seinen Fehler. Die nächsten beiden Tritte gruben sich tief in den Schnee und sein linkes Bein verlor den Halt. Mit aller Energie versuchte er noch, den Schaft des Pickels neben sich einzurammen, aber der fand keinen festen Grund. Mit kurzem Aufschrei sank Tobias seitlich weg und rutschte haltlos in eine Spalte, die sich unter ihm auftat. Erneut versuchte er den Pickel einzusetzen, aber hier war nur hart gefrorenes Eis und er konnte nicht mehr sehen, wohin er schlug. Kurz gewann er Tritt, dann brach die kleine Schnee- und Eisbrücke unter ihm erneut weg und in zwei weiteren Etappen fiel er endlich auf festen Grund. Die fahlblaue Dunkelheit, an die sich seine Augen erst gewöhnen mussten, ließ ihn sein Umfeld nicht klar erkennen. Er fühlte nur erleichtert, dass er gesund war bis auf einen kurzen Schmerz am linken Handgelenk, an dem er die Uhr trug.

»Rudi!«, schrie er laut, nachdem er den Atem wiedergewonnen hatte. Er blickte nach oben, und erkannte, dass sich etwas schräg versetzt und in großer Höhe ein helles Loch auftat.
Rudi hatte indessen die erste Schrecksekunde überwunden. Entsetzt schloss er die Augen und wilde Gedanken schossen durch seinen Kopf: »Alles vorbei! Keine Wanddurchsteigung, kein Gipfel! Ein misslungener Versuch! Peinlichkeit überall!«
Dann fasste er sich, nahm das Seil von der Schulter und öffnete die Schlinge.
Langsam und vorsichtig näherte er sich der nun deutlich sichtbaren Öffnung in der Schneedecke, stets mit dem Pickel den Bereich vor sich abtastend. »Der letzte Schneefall hat die Spalte tückisch überbrückt und genau da muss er hineintappen«, murmelte er vor sich hin, während er den Schaft des Pickels in festem Firn verankerte, das eine Ende des Seiles daran knüpfte und sich selbst mit einer Prusikschlinge ins Seil band. So gesichert näherte er sich der Öffnung und hörte Tobias erneut seinen Namen rufen.
»Bist du verletzt?« rief er nach unten, wo er noch immer nichts erkennen konnte.
»Nein, ein bisschen das Handgelenk angeschlagen, aber nichts von Bedeutung.« Die Stimme klang fern und hallend.
»Bist du eingeklemmt?«
»Nein, ich kann mich völlig frei bewegen.«
»Gott sei Dank!«, stieß Rudi aus und suchte im nahen Umfeld nach sicherem Boden, um festen Halt zu gewin-

nen. Gesichert am Seil beugte er sich über die Spalte und schaltete die Stirnlampe ein. »Mein Gott«, dachte er, »ist der tief abgerutscht.«

Etwas seitlich der Spalte konnte er den Pickel einrammen und eine stabile Sicherung schaffen. Dann ließ er das andere Ende des Seils durch den Karabiner am Klettergürtel nach unten laufen. Er musste einige Male damit schlenkern, um es an Hindernissen vorbeirutschen zu lassen. Endlich pendelte es frei und Rudi spähte angestrengt nach unten.

»Ich komme nicht dran«, presste Tobias hervor, »noch etwa zwei bis drei Meter und mehr nach links.«

»Dann reicht es nicht für die Sicherung.« Rudi sagte das nur halblaut für sich und dann laut hinab: »Kannst du dich mit dem Pickel etwas hocharbeiten?«

»Der ist mir beim Absturz aus der Hand gefallen«, kam es fast zaghaft von unten.

»Mein Gott!«, schoss es Rudi nochmals durch den Kopf und er sah zum Himmel, wo sich die Schleier langsam aber stetig zu Wolken verdichteten. »Wenn ich mich jetzt in Etappen zu ihm absichere, sind wir frühestens in zwei Stunden wieder gemeinsam hier, dann ist der Gipfel nicht mehr zu machen, dann wäre es oben dicht und wir könnten beide verloren sein. Wenn ich aber jetzt alleine hinaufsteige und das Seil mit den Eisschrauben zurückbringe, bin ich wohl in drei Stunden wieder hier. Dann kann ich Tobias auch bei schlechtem Wetter heraufholen und wir biwakieren dann eben beim Rucksack am Felsschild.«

»Tobias«, rief er hinab, »bist du so weit o. k.? Ich meine, hältst du es eine Zeit lang da unten aus?«

»Ja schon«, kam es nach einer Weile, »warum?«
»Ich bin in drei Stunden spätestens wieder da, dann sichere ich mich zu dir ab und du kommst hoch.«
»Warum erst in drei Stunden?« Tobias war entsetzt. »Mach es doch gleich, wenigstens so weit wie nötig, ich schaffe es dann schon.«
»Das muss technisch sauber gemacht werden, sonst riskieren wir, dass es schief geht. Wir brauchen einfach genügend Zeit dafür. Ich geh zum Gipfel und komme garantiert zu dir zurück. Ich hol dich raus und wir biwakieren dann dort, wo der Rucksack liegt. Nur keine Angst. Beweg dich dauernd, damit du warm bleibst.«
Tobias hörte sein Herz bis zum Hals schlagen. »Ja natürlich, der Gipfel«, dachte er. »Wenn ich Schuld daran bin, dass Rudi seinen Plan nicht verwirklichen kann, werde ich das mein Leben lang hören müssen.«
»Rudi, pass auf dich auf! Mein Leben ist in deiner Hand«, rief er hinauf und sah, wie dieser das Seil wieder zusammenschlang. »Ach, hätten wir doch das ganze Seil mitgenommen«, fiel Tobias ein, »dann wäre ich in einer Viertelstunde oben. Aber Rudi weiß schon, was er tut. Ich wäre auch gerne zum Gipfel mitgegangen, aber das ist jetzt gar nicht so wichtig.« Er sah auf die Uhr und musste feststellen, dass das Glas beim Sturz zerbrochen war und sie nicht mehr ging.
Rudi machte sich inzwischen auf und stieg zur schon erkennbaren Steilstufe, der Schlüsselstelle zum Gipfel. Trotz gelegentlich vorbeihuschender Nebelfetzen war die Sicht noch gut und er kam anfangs zügig voran.
Doch seine Entscheidung von eben zehrte an ihm:

»Was wäre, wenn Tobias später irgendjemandem von diesem Ereignis erzählen würde? Das würde ein sehr schlechtes Licht auf mich werfen. Nein, der Tobias ist ein fairer Kerl, so was macht er nicht. Wir werden sagen, dass wir gemeinsam auf dem Gipfel waren. Das gleicht alles wieder aus. So schrecklich kalt ist es auch nicht, der steht das schon durch.« Bald kamen ihm neue Bedenken, die er wieder zu verscheuchen suchte.
»Bei einer solchen Tour ist jeder zuerst für sich selbst verantwortlich. Das weiß man doch von vornherein«, argumentierte er gegen aufkommende Gewissensbisse. »Schließlich hat *er* den Fehler gemacht. Instinktlos! Und warum soll ich dafür Nachteile in Kauf nehmen?« Fast grimmig kämpfte er sich nach oben: »Es wäre überhaupt besser gewesen, ich hätte die Wand im Alleingang bestiegen«, dabei kam ihm aber der Rucksack in den Sinn und er konzentrierte sich lieber wieder auf das nun schwieriger werdende Gelände.
Die senkrechte Steilstufe, die tatsächlich kaum zehn Meter hoch war, überwand er stufenweise mit Eisschrauben und Seil in technisch routinierter Praxis. Das Seil ließ er oberhalb des Felsens an einer beringten Eisschraube zurück und rammte daneben auch seinen Pickel senkrecht ein. Der Gipfel lag jetzt endlich vor ihm.
Seine Tritte wurden in dieser Höhe langsamer und sein Atem und Herzschlag beschleunigten sich. Nach einer weiteren Stunde auf windgepressten Schneefurchen stieg das Gelände erneut an, und zwischen einigen Felsspitzen hindurch führte eine klare Linie zum höchsten Punkt.

Wind war aufgekommen und Rudi sah skeptisch auf die immer schneller heranziehenden und dichter werdenden Wolken. Endlich auf dem Gipfel angekommen, sicherte er seine Handschuhe, sah auf seiner Uhr, dass bereits zwei Uhr vorüber war und holte schnell die Kamera aus der Gürteltasche. Es gelangen ihm einige Aufnahmen des Gipfels und von diesem nach unten – wichtige Beweise für eventuelle Zweifler. Daraufhin türmte er mehrere Felsstücke, die sich in der Nähe fanden, übereinander, stellte den Selbstauslöser der Kamera ein und ließ sich auf dem Gipfel stehend ablichten.

»Das Foto könnte ja Tobias gemacht haben«, überlegte er, nahm noch schnell etwas von den Aprikosen zu sich, packte hektisch alles zusammen und begann mit dem raschen Abstieg. Schon im Gehen zog er sich die Handschuhe über.

Es war anfänglich schwer zu beurteilen, ob der Wind nur pulvrige Kristalle hochwirbelte oder ob es wirklich schneite, aber es wurde immer deutlicher, dass Neuschnee heranstieb und Rudi hatte Mühe, seine Spuren wieder zu finden. Die Felszacken wiesen ihm den Weg und schließlich konnte er auch seinen Pickel erkennen.

»Gott sei Dank hab ich den hier so sichtbar gelassen«, keuchte er. Das Seil war bereits schneebedeckt. Er ließ sich an ihm die Steilstufe hinab und entnahm unterwegs mit Mühe die angebrachten Schrauben, die er ja unbedingt zur Rettung von Tobias benötigte. Der Wind hatte etwas nachgelassen und die Flocken wurden größer. Das ließ aber erfahrungsgemäß wenig auf Änderung der Verhältnisse hoffen.

Rudi sah auf die Uhr. Schon nach vier, später, als er gedacht hatte. Plötzlich ergriff ihn große Sorge um den zurückgelassenen Kameraden.

Währenddessen hatte Tobias in seiner Enge mit großer Besorgnis beobachten müssen, wie der aufkommende Wind über die Spalte wehte und die Öffnung über ihm langsam mit Schnee bedeckte. Es wurde immer dunkler und ganz ruhig. Er knipste die Stirnlampe an und zwang sich, ein Stück Schokolade zu essen, denn die aufkommende Todesangst schnürte ihm die Kehle zu.

»Rudi kann unmöglich unter diesen Umständen den Gipfel erreichen. Er muss doch rechtzeitig umkehren und mir helfen. Wenn ihm etwas passiert ist, bin auch ich verloren.«

Angestrengt versuchte er eine geeignete Stelle zu finden, die es ihm ermöglichte, höher zu klettern. Aber so sehr er sich auch bemühte, die nach unten weisenden Eiskrusten mit Eisschrauben und Felshaken zu bearbeiten, um wenigstens kleine Nischen zu schaffen, die ihm ein Hochklettern erlaubten, er rutschte immer wieder zurück.

»Wenn ich meinen Pickel noch hätte«, dachte er verzweifelt, »könnte ich mir Stufen hacken, um wenigstens senkrecht unter die Öffnung zu gelangen, dann mag das Seil vielleicht reichen«. Er fing an, in der sich dehnenden Tiefe nach dem Pickel Ausschau zu halten, aber es war nichts zu sehen. Tiefer abzurutschen, würde seine Chancen noch weiter mindern. »Von dort bin ich oben überhaupt nicht mehr zu hören«, erkannte er und begann

von seiner Position aus immer lauter zu rufen, ja zu schreien, bis ihn der Hals schmerzte und er seine Bemühungen aufgeben musste.
Die Ruhe, die ihn schließlich umfing, wurde unheimlich.
Alle denkbaren Varianten des möglichen Geschehens schossen ihm durch den Kopf:
»Rudi könnte wegen des Wettereinbruches abwarten, bis es wieder aufklart und dann zurückkommen. Rudi kennt sich doch mit solchen Situationen aus. Soll ich nicht doch noch weiter nach unten rutschen? Vielleicht gibt es dort irgendwo einen Ausgang, aber den würde ich nur finden, wenn es hell ist. Ist es denn draußen überhaupt noch hell?«
Tobias hatte jedes Zeitgefühl verloren.

In der Zwischenzeit hatte Rudi das Gelände erreicht, wo sich nach seiner Überzeugung die Eisspalte befinden musste. Das fahle Licht und die um ihn wirbelnden Flocken ließen jedoch keine präzise Orientierung zu.
»Ich kann doch nicht jeden Quadratmeter hier nach Tobias absuchen«, murmelte er halblaut vor sich hin und ihm war klar, dass der Schnee die Spalte inzwischen wieder völlig abgedeckt hatte. »Ich könnte noch fünfzig oder hundert Meter entfernt davon sein, oder auch direkt daneben stehen.«
»Tobias!«, schrie er immer wieder. »Tobias!« Dumpf hörte er sein Rufen ohne Echo und es schien in den Wolken stecken zu bleiben. Dann horchte er wieder angestrengt, ob er nicht den anderen rufen hörte. Einmal

glaubte er ein Geräusch vernommen zu haben, aber dann war es wieder völlig still und Rudi hörte nur sein Herz pochen und seinen stoßweise gepressten Atem. Dann entdeckte er plötzlich im Schnee seine eigenen frischen Spuren wieder und erkannte, dass er im Kreis umhergestapft war.

»Ich muss noch bei Tageslicht den Rucksack am Felsenschild erreichen, sonst bin auch ich verloren«, wurde ihm am Ende bewusst. »Wenn ich hier umkomme, nützt das auch dem Tobias nichts.« Sein trainierter Instinkt ließ ihn etwas mehr nach links queren. Im letzten Tageslicht fand er schließlich den auffälligen Felsen, unter dem er auch mühelos den gut bewahrten Rucksack erkannte.

Inzwischen war die Dunkelheit hereingebrochen und Rudi wurde bewusst, dass er jetzt um sein eigenes Leben kämpfen musste. Er wog ab: Einerseits wäre er beim Abstieg ohne Sicht in höchster Gefahr, sich zu verirren oder abzustürzen. Andererseits könnte er bei dem anhaltenden Schlechtwetter durch Schneemassen über Nacht eingeschlossen werden. Aber dann bestünde weiterhin die Hoffnung, bei Wetterbesserung nochmals zurücksteigen und Tobias doch noch finden und retten zu können. Kurz, er entschloss sich, unterhalb des schützenden Felsenschildes mit Reservekleidung im Biwaksack zu übernachten und das frühe Tageslicht abzuwarten.

Der Schneefall schien nachzulassen, aber der Wind kam wieder stärker auf. Trotz großer Müdigkeit schlief er unruhig und spürte, dass ihm Kälte die Beine hochkletterte. Konzentriert bemühte er sich, seine Zehen zu bewegen. Die Gedanken an Tobias gingen ihm nicht aus dem

Kopf. »In der Spalte ist er wenigstens vor dem eisigen Wind geschützt«, beruhigte er sich.
Erst nach langer Zeit fiel er in einen kurzen Tiefschlaf, der ihm etwas Erholung brachte.
Im frühen Dämmerlicht raffte er sich auf. Das Wetter war wechselhaft und die Sicht diesig. Seine Befürchtung wuchs, dass erneuter Niederschlag den Abstieg zum tödlichen Fiasko werden lassen könnte. Aber schon die bestehenden Umstände führten ihm vor Augen, dass sein Rückweg große Risiken in sich barg. »Wenn ich nochmals höher steige, um Tobias zu suchen, kommen wir wahrscheinlich beide um«, überlegte er. »Jeder vernünftige Mensch würde den anderen in einer solchen Situation doch wohl zurücklassen, um wenigstens sich selbst retten zu können.«
Er aß die verbliebenen Aprikosen und ein Stück Schokolade, mischte eine Vitamintablette in seiner Hand mit schmelzendem Schnee gegen den Durst, da sein Wasser aufgebraucht war, schulterte das Seil und griff nach seinem Pickel. »Die Natur ist hart«, sagte er barsch zu sich selbst, »und nur der Stärkste überlebt.« Einen Moment zögerte er noch und sah dort hinauf, wo sich sein hilfloser Kamerad befinden musste. Dann kämpfte er den letzten Rest seiner Gewissensbisse nieder. Nach kurzer Überlegung leerte er den Rucksack, in dem sich Reservekleidung und andere Ausrüstungsgegenstände befanden, und warf den Inhalt seitlich des Felsens in eine Spalte. »Geringste Belastung ist meine einzige Chance«, murmelte er vor sich hin, nahm den nun fast schlaffen Rucksack auf und begann den Abstieg.

Die Spuren vom Vortag waren nicht mehr zu finden und nur Rudis ausgezeichnete Kondition und seine große Erfahrung in schwierigem Gelände ermöglichten ihm trotz gelegentlicher Umwege das Weiterkommen, wobei er häufig auf allen Vieren abklettern musste. Dreimal seilte er sich an kurzen, aber schwierig und gefährlich erscheinenden Formationen ab, dann waren seine Eishaken, die er jeweils zurücklassen musste, aufgebraucht.

Im Nebel schien plötzlich eine Gestalt neben ihm aufzutauchen.

»Tobias«, rief es aus ihm heraus und unwillkürlich zuckte er zusammen. Dann erkannte er, dass es ein Felszacken war und erneut kämpfte er die dunklen Gedanken nieder, die ihn befielen.

Der Wind ließ merklich nach und zu seinem Glück kam es zu keinen neuen Niederschlägen, ja, gelegentlich brach sogar für Sekunden die Sonne durch und er sah erleichtert, dass er dem Geröllfeld deutlich näher kam.

Angesichts seiner nahenden Rettung überkamen ihn nun nochmals bedrückende Gedanken um Tobias in seiner hilflosen Gefangenschaft am Berg.

»Kann er noch leben? Ist eine Rettung mit einer eilig zusammengetrommelten Mannschaft noch denkbar?« Gleichzeitig schauderte ihn bei dem Gedanken, sein Partner könnte lebend geborgen werden. Denn dann würde der tatsächliche Ablauf der Ereignisse offenbar werden, und das wäre eine Katastrophe für sein eigenes Ansehen als Bergsteiger – ja es wäre geradezu vernichtend.

»Ich muss mir eine vernünftige und für jedermann verständliche Erklärung über den Verlauf des Unglücks zurechtlegen«, beschloss er.
Im Bereich der Schneegrenze verbarg er das kurze Seil unter Felsbrocken. »Die andere Hälfte lasse ich unten irgendwo verschwinden. Unnötig, dass sich manche Leute da Gedanken machen.«
Dann fielen ihm die Eltern von Tobias ein, die er kannte, und dass er ihnen wohl unweigerlich die schlimme Botschaft würde mitteilen müssen.
Als er den Platz des Basislagers erreichte, waren die Träger verschwunden und mit ihnen noch einige Utensilien, wie auch das Fernglas und der zweite Teil des Seiles.
»Diese Schufte haben wohl nicht mehr mit meiner Rückkunft gerechnet«, grollte er vor sich hin und ärgerte sich besonders deshalb, weil er nun noch eine enorme Strecke alleine vor sich hatte und alle lebensnotwendigen Dinge selbst zu tragen hatte. Er war erschöpft und deprimiert. »Was für ein Sieg!«, sagte er voll Bitterkeit zu sich selbst, und einen Augenblick wünschte er, oben gestorben zu sein, um nicht von all diesen düsteren Empfindungen gequält zu werden, die gerade in ihn drangen.

Michael Pointer wartete in dem kleinen Café in Tucumán auf die Rückkunft der beiden Bergsteiger. Mit ihm saßen auch zwei Kollegen aus Argentinien am Tisch; einer von ihnen hatte eine Filmkamera vor sich liegen. Aus Santa Maria war das Gerücht zu ihnen gedrungen, nur einer der beiden Bergsteiger sei von der Tour zurückgekommen und dieser sei in schlechter Verfassung.

Gestützt auf zwei Burschen kam Rudi Meinhold herein. Blass und mit trauervoll verzerrter Miene erschien er Pointer nur noch als ein Schatten des berühmten Bergmannes, den er vor einigen Tagen verabschiedet hatte. Man machte ihm Platz und ein Helfer stellte den Rucksack neben ihm ab. Niemand traute sich, nach dem Kameraden zu fragen und jeder wartete ab, bis Rudi von sich aus zu reden begann.
»Tobias«, hob Rudi Meinhold mit Wehmut und gebrochen wirkender Stimme an, und nach einer Pause fuhr er fort: »Der Abstieg nach dem Gipfel war eine Höllentour. Es ist nur Glück und Zufall, dass ich überlebt habe.«
Pointer übersetzte für die anderen ins Spanische und alle zeigten sich tief beeindruckt. Die Filmkamera lief und der Journalist fragte erschüttert:
»Ihr wart also auf dem Gipfel?«
»Ja, um etwa vierzehn Uhr hatten wir die Wand hinter uns und standen oben.« Meinhold nahm aus seiner Gürteltasche die Kamera und übergab sie dem Journalisten: »Herr Pointer, lassen Sie bitte die Fotos entwickeln.«
»Gut, trinken Sie doch bitte einen Schluck Tee, Herr Meinhold, und erzählen Sie, was passiert ist.«
»Auf dem Abstieg wurden wir von einem schrecklichen Wettereinbruch überrascht. Wir konnten die Hand vor Augen nicht mehr sehen. Wir kämpften uns durch Schnee und Eis hinab. Tobias stürzte plötzlich in eine Eisspalte. Entsetzlich!« Rudi hielt sich die Hände vors Gesicht und es schien gar, als würde er weinen.
»Habt ihr euch nicht mit einem Seil gesichert?« fragte Pointer.

»Schon, aber da es keine festen Sicherungspunkte im Neuschnee gab, suchte ich immer wieder nach soliderem Untergrund; gerade wollte ich das Seil neu am Pickel befestigen. In dem Moment passierte es …«

Alle blickten voll Verständnis und Mitgefühl auf den Erzähler.

Er fuhr fort:

»Ich habe sofort intensiv nach Tobias gesucht. Er war durch eine dünne Schneebrücke eingebrochen. Ich sicherte und ließ mich am Seil zu ihm hinab, konnte ihm aber nicht mehr helfen. Er war sicher sofort tot gewesen.«

Erschüttert hielten alle schweigend inne.

»Eine Bergung des Toten war wohl unter solchen Umständen nicht möglich.« Pointer versuchte Mitgefühl zu zeigen.

»Keinesfalls. Ich hatte größte Mühe, allein wieder zurückzuklettern. Der Sturm fegte Schneemassen heran und die Kälte war lähmend.«

Meinhold schien so geschwächt, dass es Pointer nun für notwendig erachtete, ihn mit seinem Wagen ins nahe Krankenhaus zu bringen. Unterwegs erkundigte er sich noch, wie er denn bis Santa Maria zurückgekommen sei. Rudi hielt es für besser, die ungetreuen Träger nicht zu erwähnen und berichtete wahrheitsgemäß nur, in Cafayate einen Jeep genommen zu haben.

Meinhold blieb zur Untersuchung in der Klinik. Am Tag darauf stand in den argentinischen Zeitungen:

»Rudi Meinhold von Erstdurchsteigung der Galan-Ostwand zurück – dramatischer Abstieg im Schneesturm –

sein Freund tödlich abgestürzt – Meinhold erschöpft im Krankenhaus.«

Meinhold bat Pointer, die Eltern Lamberg sofort anzurufen und ihnen sein tiefes Beileid mitzuteilen. »Ich kann das nicht«, sagte er dabei bewegt. »Bitte verstehen Sie mich.«

Pointer nickte: »Natürlich verstehe ich Sie. Erholen Sie sich jetzt erst einmal, ich kümmere mich darum.«

Die deutschen Zeitungen enthielten die Meldungen erst am darauf folgenden Morgen. Dr. Ludwig Lamberg war fassungslos, als er mitten in der Nacht von Pointer geweckt wurde und die schlimme Nachricht erfuhr. Seiner Frau teilte er sie erst anderntags mit, um sie zu schonen.

»Bitte, bitte, Herr Pointer«, flehte er den Journalisten schließlich an, »sehen Sie sich in Tucamán um und versuchen Sie zu ermöglichen, dass mein toter Sohn gefunden und geborgen wird. Ich komme alsbald nach und übernehme natürlich alle Kosten, ganz gleich, wie hoch sie auch sein mögen.«

Michael Pointer wagte nicht, dem schwer getroffenen Mann zu widersprechen, außerdem reizte es ihn, sich um den erwünschten Versuch zu bemühen.

»Ich tue, was ich kann«, sagte er schließlich. »Sie erreichen mich über das Hotel ›Certeza‹« Er gab seine genauen Daten durch und überlegte sofort, wie er dem Wunsch Lambergs entsprechen könnte.

Jedenfalls flog Pointer am nächsten Tag nicht wie zuvor geplant mit Meinhold zurück nach Europa, sondern ließ ihm ausrichten, hier noch etwas erledigen zu müssen; dann machte er sich alsbald auf nach Santa Maria.

Es schien ihm ratsam, wenngleich ihm das ganze Vorhaben unrealistisch vorkam, sich in dem dortigen Sportgeschäft nach fähigen Bergsteigern zu erkundigen.
Der Inhaber des Ladens war sichtlich ergriffen von der Nachricht des Unglücks.
»Der arme Junge«, sagte er traurig. »Noch vor wenigen Tagen kauften die beiden ein Seil für ihr Unternehmen bei mir. Der Ältere wollte nur zwanzig Meter, aus Gewichtsgründen, wie er sagte, aber der andere bestand auf vierzig Metern; und die haben sie dann auch mitgenommen.«
Pointer schenkte dieser Geschichte keine Aufmerksamkeit und brachte sein Anliegen vor.
»Das dürfte hier wenig aussichtsreich sein«, meinte der Verkäufer kopfschüttelnd. »Sie können sich ja in Cafayate umsehen. Da gibt es erfahrene Träger, die Leute von überall her kennen und Ihnen vielleicht weiterhelfen können.«
Michael Pointer mietete einen Jeep mit Fahrer, und dieser nannte ihm einen erfahrenen und einflussreichen Mann aus Cafayate, der dort als Ortsvorsteher galt. Durch seine Spanischkenntnisse fand Pointer stets offene Türen und konnte sich leicht zu dem Mann durchfragen. So trug er alsbald dem etwas wortkargen Alten sein Anliegen vor und vergaß dabei nicht, von sehr guter Bezahlung zu sprechen. Eine Stunde später standen fünf stämmige junge Männer vor ihm, die sich bereit erklärten, einer Suchexpedition als Träger zu dienen.
Da fiel Pointer auf, dass einer von ihnen ein gutes Fernglas umhängen hatte und er glaubte, dieses kürzlich auf

dem Rucksack von Tobias Lamberg gesehen zu haben. Auf seine Frage hin erklärte der junge Mann in erregter Verlegenheit, er sei tatsächlich mit einem Kollegen und den beiden Bergsteigern zum Cerro Galan gegangen. Sie hätten dort auf deren Rückkunft vom Berg gewartet, aber die seien länger weggeblieben als vereinbart, und da das Wetter zudem extrem schlecht geworden wäre, hätten sie nicht mehr an eine Rückkehr der Bergsteiger geglaubt.
Pointer war ärgerlich und bestand darauf, dass umgehend alles, was diese Burschen doch wohl hatten mitgehen lassen, sofort zurückgegeben werden solle, anderenfalls drohten Konsequenzen. Auch der Alte redete streng mit dem Träger und kurz darauf kam dieser mit diversen Utensilien zurück. Zuerst übergab er den Brief, den ihm Tobias vor seinem Aufstieg anvertraut hatte, dann einige Kleinigkeiten und als letztes ein zusammengeschlungenes Seil.
Pointer stutzte: »Wie lang ist das Seil?« fragte er.
»Zwanzig Meter«, bekam er zur Antwort und, dass die Europäer die andere Hälfte mit hinauf genommen hätten.
Jetzt fiel dem Journalisten wieder ein, was ihm der Verkäufer in Santa Maria erzählt hatte und plötzlich begannen sich erste Zweifel über die von Meinhold beschriebenen Vorgänge am Berg in ihm zu regen. Es waren nur kleine Zweifel, noch ohne klare Beweise, aber da sie nun mal in ihm saßen, waren sie die Saat künftigen Misstrauens.
Doch Pointer war nicht wohl bei solchen Vermutungen. Zu groß war seine Anerkennung für die bisherigen Leis-

tungen Rudi Meinholds gewesen, als dass er sich an einer möglich erscheinenden Enttäuschung hätte erfreuen können. Er hoffte einfach, es möge sich am Ende alles vernünftig erklären lassen und Meinhold möge ein Bergheld bleiben. Andererseits war Michael Pointer Journalist genug, um seinen Recherchen zu vertrauen und er vermutete, mehr erreicht zu haben, als er zu hoffen gewagt hatte. Er versprach dem Alten, in Kontakt zu bleiben und schenkte ihm sein Taschenmesser als Dank. Dann fuhr er zurück nach Tucumán und nahm alle Gegenstände mit, die wieder aufgetaucht waren.

Im Hotel Certeza – Pointer ging durch den Kopf, dass dieser Name auf Deutsch sinnigerweise *Gewissheit* heißt – erwartete ihn eine Nachricht von Dr. Lamberg: Er könne nun doch nicht kommen, weil es seiner Frau so schlecht gehe. »Kein Wunder«, dachte Pointer. »Seine Reise hätte nun auch wenig Sinn gemacht.«

Er flog zurück nach Hamburg und brachte umgehend die Fotos zur Entwicklung, die ihm Meinhold übergeben hatte. Dieser hatte deswegen bereits angerufen und war etwas ungehalten gewesen, weil der Journalist noch nicht zurück war.

Die Fotografien brachten Pointer erneut zum Nachdenken. Eines zeigte die Bergwand aus der Distanz, als Meinhold die Route festgelegt hatte, ein anderes Tobias beim Aufstieg mit klarem Himmel im Hintergrund. Dann kamen die Gipfelbilder bei bereits wechselhaftem Wetter. Die Motive waren eindeutig zum Gipfel und auch weg vom Gipfel gewählt, womit dessen Erreichen

dokumentiert war. Die letzten beiden Bilder zeigten Rudi Meinhold auf dem höchsten Punkt des Berges.
Von diesem Abschnitt der Bergtour war jedoch nicht eine Aufnahme dabei, die Tobias Lamberg zeigte. Das erschien Pointer allerdings ungewöhnlich. Will nicht jeder Gipfelstürmer in der Situation des Erfolgs sein Andenken bewahrt sehen? Wenn nun Tobias stets fotografiert hätte, so überlegte Pointer, warum verblieb die Kamera dann am Ende bei Rudi? Beim Aufstieg war ja wohl der Apparat auch bei diesem gewesen.
»Alles nur kritische Einbildungen«, nahm er sich selbst etwas zurück, »und nicht der Hauch eines Beweises.« Aber der Stachel des Zweifels saß nun in ihm, und merkwürdig erschien es allemal.
Er traf sich ein paar Tage später in München mit dem wiedererstarkten Meinhold. Zwar erzählte er nichts von seinem Erlebnis in Cafayate, er übergab aber mit den Fotos, von denen er Kopien behielt, auch das Fernglas und den Brief von Tobias an seine Eltern mit dem Hinweis, dies könne er doch bei seinem sicher bevorstehenden Beileidsbesuch im Hause Lamberg zusammen mit dem Rucksack übergeben.
Als Rudi Meinhold die Sachen erblickte, stutzte er sichtlich überrascht. »Wo haben Sie das her?« fragte er barsch.
»Ist das so wichtig?« entgegnete der Journalist. »Es ist mir übergeben worden.«
Meinhold sah ihn mit harten Augen an, sagte jedoch nichts.
»Schade, dass es nicht eine Aufnahme von dem jungen Lamberg in der Gipfelregion gibt, das wäre für die Eltern

doch wichtig«, fuhr Pointer bedauernd fort und beobachtete dabei den anderen aufmerksam.
»Was wollen Sie damit sagen?« warf dieser gereizt ein.
»Nichts, es ist mir nur einfach aufgefallen.«
»Was ist daran auffällig? Einmal fotografiert eben der Eine, dann wieder der Andere. Sehen Sie, hier ist doch eine Aufnahme von ihm.«
»Ja, ja, beim Aufstieg – eindeutig am Morgen.« Pointer blieb ruhig.
»Oben hat eben Tobias fotografiert, wo ist das Problem?« Meinhold fuhr hoch.
»Ich sagte nur ›schade‹, und nichts von einem Problem.« Meinhold nahm das Fernglas und den Brief an sich, dann verabschiedete er sich kühl und ging.
In Pointer saß nun ein weiterer Stachel, vielleicht der bisher stärkste, und er sah seine Zweifel mehr und mehr bestätigt. Das sichtlich erregte Verhalten Meinholds missfiel ihm und machte ihn nachdenklich.

Einige Zeit später besuchte er die Lambergs in Köln. Er wurde sehr freundlich empfangen, spürte jedoch deutlich, wie tief der Schmerz noch in den Eltern saß.
Er erfuhr, dass Meinhold die Gegenstände nicht selbst übergeben, sondern einen Boten geschickt hatte und von ihm nur ein mitfühlendes Schreiben mitgegeben worden war.
»Wir hätten schon gerne mit ihm selbst einmal gesprochen, aber er ist wohl viel unterwegs.« Der Vater holte den letzten Brief seines Sohnes aus dem Schreibtisch. »Als ob er es geahnt hätte«, sagte er traurig. »Es liest sich

wie ein Abschied. Ich habe mit verschiedenen Stellen in Südamerika Kontakt aufgenommen. Die Suche und Bergung unseres Sohnes gebe ich nicht auf.«
Pointer zeigte dafür Verständnis und gab der Hoffnung Ausdruck, dass mit ernsthaftem Engagement hier doch einiges möglich sein müsse.
»Ich halte Sie auf dem Laufenden, Herr Pointer«, sagte Dr. Lamberg zum Abschied. »Ich möchte gerne, dass Sie den Ablauf einer Expedition wenigstens aus der Nähe observieren, wenn eine solche je machbar sein sollte. Meine Frau und ich sind wenigstens beruhigt, dass Tobias schnell und ohne Leiden starb, wie wir aus Rudis vielen Berichten gelesen haben.«

Ein Jahr später war es tatsächlich so weit. Dr. Lamberg rief Pointer an. »Drei geübte Leute aus Chile wollen zum Cerro Galan. Träger sollen sie unterstützen. Es ist ein Versuch, immerhin.«
Pointer erklärte sich bereit, nach Argentinien zu fliegen und erhielt von Dr. Lamberg einen ausreichenden Betrag, um alle Eventualitäten abzudecken und ihn dort zu vertreten. Dr. Lamberg selbst wollte seine Frau nicht alleine lassen, der es seit dem Tod des Sohnes gesundheitlich nicht gut ging.
»Sollte es zu schwierig sein, meinen Sohn – falls sie ihn finden – herunterzubringen und zu überführen, sollen die Männer ihm oben ein Bergsteigergrab bereiten. Es mag gut sein, wenn meiner Frau der Anblick erspart bleibt.« Das waren seine letzten Worte an den Beauftragten.

Vier Wochen später saß Pointer im Café in Tucumán und sprach mit den Bergführern, welche die Suche nach Tobias aufnehmen wollten. Es waren erfahrene Männer, alle Mitte dreißig, ernst und zuverlässig. Philippe, der Älteste und Leiter des Unternehmens, war schon am Cerro Galan gewesen und kannte den Berg und seine Tücken. Pointer trug ihm auf, gegebenenfalls den Leichnam oben zu bestatten, aber seine Sachen sicherzustellen. Die drei sprachen nur Spanisch, was ihnen aber die Zusammenarbeit mit den Trägern sehr erleichtern würde. Es erschien Pointer deshalb nicht nötig, nach Cafayate mitzureisen. Er gab Philippe etwas Geld und empfahl ihm dort den Dorfältesten zu konsultieren, um Träger anzuwerben, danach verabschiedeten sie sich.
Pointer mietete sich erneut im Hotel ›Gewissheit‹ ein, um jederzeit erreichbar zu sein. Täglich erkundigte er sich nach der Wetterlage im Bereich des Berges und die Auskünfte waren anfangs erfreulich. Nach neun langen Tagen erhielt er durch einen Boten aus Cafayate die Nachricht, die Expedition sei auf dem Rückweg. Erst am Ende sei das Wetter unsicher geworden. Näheres wusste er noch nicht.

Michael Pointer, der »Spürhund«, saß wieder einmal in dem kleinen Café in Tucumán und wartete auf die Bergsteiger. Nur Philippe kam. Einer seiner Kameraden sei unmittelbar nach Hause gereist und der andere läge im Krankenhaus mit leichten Erfrierungen wie auch zwei der fünf Träger.
Philippe stellte seinen Rucksack ab, setzte sich Pointer gegenüber und erzählte:

»Nachdem es schon längere Zeit nicht geschneit hatte, war der Aufstieg zwar mühsam, aber wenigstens übersichtlich. Wir überstürzten nichts und suchten Schutz während der Tageshitze, wenn die Oberfläche schmolz und die Gefahr von Eis- und Steinschlägen drohte. Die Sonne verließ uns jeweils um etwa zwei Uhr nachmittags und verschwand hinter dem Berg. Dann konnten wir noch gute fünf Stunden mit Sicherungen weiter aufsteigen. Zwei Träger waren sehr zuverlässig und blieben bis weit hinauf bei uns.

Drei Tage lang hatten wir nirgends in der logischen Aufstiegsroute einen größeren Eisbruch oder eine Spalte gesehen. Dann erreichten wir einen schon von Ferne deutlich sichtbaren Felsen, der wie ein Schild in die Höhe ragte. Dort richteten wir ein Zwischenlager ein. Dabei entdeckte einer von uns zufällig in einer seitlich gelegenen Felsspalte tief unten etwas, was wie ein Kleidungsstück aussah. Die Öffnung war zu eng, um es heraufzuholen, aber wir waren nun überzeugt, auf der Spur der damaligen Bergsteiger zu sein.

Anderntags suchten wir in Richtung der höher gelegenen, schon von Ferne auffälligen Steilstufe, die dem Gipfel vorgelagert ist. Aber wir waren nicht sicher, ob die beiden damals die Querung oder die direkte Route gegangen waren.

Wir entschieden uns, im Aufstieg die Querung und möglicherweise dann im Abstieg die Direttissima zu versuchen. Nach unserer Kenntnis aus den Berichten konnte der Unfall ja nicht in größerer Höhe geschehen sein.

Als wir uns dann beim Abstieg jeweils ein Stück abseil-

ten, entdeckten wir einen längeren Bruch im Eis, der nicht schneebedeckt war. Es war gerade noch ausreichend hell, um diesen oberflächlich zu untersuchen, und wir konnten feststellen, dass sich dort eine tiefe Spalte befand. Wir beschlossen, erneut an unserem tiefer gelegenen Felsen zu übernachten und anderntags wieder aufzusteigen und die tiefe Eishöhle genau zu besichtigen.
Das Wetter war sehr günstig und wir waren schon morgens um sieben wieder oben an der gleichen Stelle. Ich ließ mich gut gesichert an einem vierzig-Meter-Seil langsam in die Tiefe gleiten, wobei ich mehrmals mit dem Pickel neu gebildete Eiskrusten beseitigte. Nach über fünfzehn Metern erreichte ich eine schräge Zwischenstation und etwas tiefer links unten sah ich einen Menschen sitzen. Es mochten dorthin noch sieben bis acht Meter sein. Ich stieß mich leicht ab und rutschte neben den Toten, der mit dem Oberkörper festgeklebt an einem Wandstück lehnte. Einige Eiszapfen waren inzwischen über ihn gewachsen, die ich entfernte. Neben ihm lag eine leere Trinkflasche und diese Gürteltasche lag auf seinen angewinkelten Schenkeln.« Er entnahm seinem Rucksack einen verwitterten Gegenstand, der wohl die Tasche sein musste und hielt, von seiner Erinnerung ergriffen, inne.
Pointer blickte beeindruckt darauf. Voll Spannung, aber geduldig wartete er, bis der Bergführer weitersprach.
»Wissen Sie«, sagte dieser nun bedächtig, »das war kein direkter Sturz in diese Tiefe, das war ein Abrutschen in Etappen. Natürlich hat der noch gelebt. Nachdem wir ihn schließlich vorsichtig geborgen hatten, stellte mein

Freund, der ausgebildeter Sanitäter ist, fest, dass an keiner Stelle seines Körpers ein Bruch zu finden war. Ich konnte auch feststellen, dass seine Stirnlampe eingeschaltet war, natürlich ausgebrannt. So viel mir bekannt ist, sind sie ja nicht bei Nacht abgestiegen.«

Wieder nestelte er in seinem Rucksack. Sorgsam wickelte er eine Armbanduhr aus. Das Glas war zersplittert und klemmte die Zeiger fest. Sie zeigten auf 11.40 Uhr.

Pointer saß wie gelähmt. Seine bisher dünnen Zweifel verdichteten sich nun zu einem schrecklichen Verdacht.

Philippe fuhr fort:

»Während wir den Leichnam langsam bis zu unserem Felsen hievten, zog schlechtes Wetter auf. Da einer meiner Kameraden – er liegt jetzt im Spital – mit seiner Gesundheit zu kämpfen hatte, beschlossen wir, den Toten an diesem schildähnlichen Felsen zu begraben. Sie hatten mir ja gesagt, dass Herr Lamberg damit einverstanden sei.«

»Ja, das war eine sehr gute Entscheidung!«

»Ich habe Fotos von der Stätte gemacht, an der Tobias Lamberg nun liegt«, sagte Philippe, zog eine Filmrolle aus der Jackentasche und übergab sie Pointer. »Es ist für die Eltern.« Dann berichtete er weiter:

»Wir hatten mit dem weiteren Abstieg ziemliche Mühe, obwohl das Wetter nicht allzu schlimm wurde. Die beiden Träger haben weiter unten ausgeharrt, sehr tüchtige Burschen. Allein hatten sie sich wohl das Abklettern nicht zugetraut. Unten angekommen, ruhten wir einen Tag aus und dann noch einmal in Cafayate. Von dort habe ich Ihnen einen Boten geschickt.«

»Sie haben Großartiges geleistet!« Pointer lobte Philippe mit ernster Überzeugung und gab ihm die Hand. »Ich danke Ihnen auch im Namen der Eltern des Toten.«
Philippe nickte dankbar:
»Es war mir eine Ehre und ich bin stolz, auch für meine Kameraden, diese Aufgabe erhalten zu haben.« Der Bergführer hatte feuchte Augen.
»Erlauben Sie mir, dass ich Ihnen für Ihre Mühen, Risiken und alles andere diesen Scheck von Dr. Lamberg überreiche. Sie teilen es unter sich auf.«
Pointer übergab dem jungen Mann den vorbereiteten Umschlag. Philippe war sichtlich von der Höhe des Betrages beeindruckt. Er erhob sich kurz und bot seinerseits die Hand.
»Danke vielmals, es war uns eine Ehre und zudem ein großes Erlebnis.«
Nach ein paar Minuten des Schweigens, in denen sie den köstlichen Wein aus Mendoza tranken, begann Pointer vorsichtig:
»Philippe, die Sache bleibt doch unter uns. Denken Sie an die Trauer der Eltern. Wenn sie erfahren, dass ihr Junge noch gelebt und sicher auch noch gelitten hat, es würde ihnen das Herz brechen.«
»Das ist selbstverständlich und ich garantiere das auch für meine Kameraden. Und nochmals vielen Dank an die Eltern des Toten. Wir werden ihn nicht vergessen.«
Die beiden umarmten sich beim Abschied und Pointer nahm die mitgebrachten Gegenstände an sich. Er war tief erschüttert und schwankte zwischen Empörung und einem Gefühl noch verbliebener Ungewissheit.

»Die Stirnlampe könnte Tobias wegen des Nebels schon vor dem Sturz eingeschaltet haben. Ich weiß nicht, ob man das tut. Die Uhr könnte stehen geblieben sein, bevor das Glas zerbrach. Aber da war noch die Trinkflasche neben dem Toten. Woher nehme ich letzte Gewissheit?«

Im Hotel beschloss er, die Gürteltasche zu öffnen. Schließlich hatte ihm Dr. Lamberg alle Vollmachten erteilt. Der Reißverschluss klemmte und er schnitt den Beutel einfach auf.
Eine Mütze, eine Tube Sonnenkrem, eine dunkle Brille, eine leere Plastiktüte, ein Taschenmesser, zwei Karabiner, eine elastische Binde, eine Medizinkapsel und ein kleiner Bleistift. Das war alles. Seitlich fand er dann noch ein sorgsam zusammengelegtes Schokoladenpapier.
»Warum zusammengelegt?«, dachte Pointer. »So etwas wirft man doch eigentlich weg.« Vorsichtig entfaltete er das etwas verklebte Papierstück und erkannte, dass innen auf der weißen Seite etwas geschrieben stand. Er griff zu seiner Brille und las die zittrig geschriebenen Worte:
»Warte auf Rudi   er ging zum Gipfel   Seil zu kurz ich kann nicht mehr«
Pointer schloss die Augen.
Jetzt hatte er Gewissheit.
Was aber sollte er nun mit dieser Gewissheit anfangen?
Die Nacht verbrachte er ohne Schlaf.
Was wollte, was musste er den Eltern erzählen?
Hatte er nicht auch zu Recht Philippe gesagt, was es bedeuten würde, wenn sie die Wahrheit erführen?

Wem sollte diese Wahrheit nutzen?
Und Rudi Meinhold?
Musste dessen ehrgeiziger Gipfelgang, auch wenn er geglaubt haben mochte, die Rettung des Kameraden nur zu verschieben, nicht in die Presse gelangen? Und Rudi Meinhold öffentlich an den Pranger?
Ist die rücksichtsvolle Schonung der Betroffenen einer notwendigen Offenbarung gegenüber der Öffentlichkeit vorzuziehen?
Pointer war schließlich Journalist.
Aber er war auch Mensch.

Nach langer Überlegung kam er zu folgendem Entschluss: »Jede meiner Entscheidungen birgt einen Fehler, vielleicht auch eine Schuld in sich. Ich muss mich für das kleinere Übel entscheiden.
Soll dieser Vater all die Kosten und Mühen auf sich genommen haben, damit ihn und seine Frau nun diese verschlimmernde Nachricht quält, dass gar Rachegedanken sein Herz beschweren? Nein, ich werde den Eltern weiteren Kummer ersparen, das entlarvende Papier samt meinen Erkenntnissen zurückhalten und auf eine spektakuläre Story in der Presse verzichten – jedenfalls bis zu ihrem Tode.«

Die Lambergs waren dankbar und getröstet durch die Aufnahmen der Grabstätte ihres geliebten Sohnes. Erst viele Jahre später hatte Michael Pointer wieder die Kraft, ein Interview mit Rudi Meinhold zu führen. Aber das ist eine andere Geschichte …

Auf der Alm, da gibt's koa Sünd'

Hannoveraner sind nicht nur eine Pferderasse und Hamburger liegen nicht immer zwischen Semmelhälften. Es können auch durchaus nette Menschen sein oder stramme Hanseaten oder auch beides.

Henk Borgschulze war so einer. In seiner alteingesessenen Familie zu einem ordentlichen Patrizier alter Schule erzogen, reifte er strebsam und manierlich zum Erben eines traditionsreichen Hamburger Handelshauses heran. Man wohnte am Elbufer und alles war ›vom Feinsten‹.

Nach dem Betriebswirtschaftsstudium, das Henk mit ›cum laude‹ abgeschlossen hatte, meinte sein Onkel Willem, er müsse sich wohl nun mal etwas die Hörner abstoßen. Und da könne es doch nicht schaden, wenn er einen Urlaub in Bayern machte. »Ein lustijes Völkchen, diese Bajuwaren mit ihren Sepplhosen, war auch mal da, hab' mich köstlich amüsiert.«

Onkel Willem war Henks bester Kumpel und steter Ratgeber. Als Henk sechzehn geworden war, klagte er ihm einmal, sein Freund Frederik erzähle andauernd von seinen tollen Abenteuern mit Mädchen.

»Erzähl halt auch was!«, wurde ihm vom Onkel gelassen empfohlen und Henk hatte den Rat befolgt, auch wenn davon kaum etwas stimmte. Inzwischen waren zwei Episoden mit Kommilitoninnen vergangen – etwas oberflächliche Verhältnisse, zwar mit Bravour bestanden, aber ohne Tiefgang.

Nun also fuhr er nach München und wohnte dort bei seiner verwitweten Tante Berta, die streng und ordentlich war. Ganz im Sinne der Eltern gab sie ihm keinen Hausschlüssel, sodass sein abendliches Heimkommen unter Kontrolle stand, wobei die gute Tante um elf Uhr ins Bett gehen wollte. Also keine »sturmfreie Bude« und kein nächtelanges »Strawanzen« in fragwürdigen Spelunken, was Eltern stets befürchten, aber sowieso nicht Henks Art war. Wurde es einmal später, weil Henk auf ein Fest ging, wurde die Dame des Hauses zuvor höflich informiert und dann zum Öffnen herausgeklingelt. Nur keine Heimlichkeiten!

Das Sommerfest bei den Münchener Studenten war so eine Gelegenheit. Henk lernte dort nette Leute kennen, keine Sepplhosen zwar, aber hübsche Dirndl an reizvollen Mädeln. Besonders gefiel ihm Linda, eine blondlockige Kunststudentin, die ihn mit blauen Augen anstrahlte, lustige Bemerkungen machte und schnippische Antworten parat hatte, wenn er spöttisch werden wollte. Sie kam aus einem Dorf in der Nähe von Garmisch. Der Vater besaß einen schönen Hof und war Bürgermeister des Ortes. Linda wohnte zum Studium bei der Familie ihrer älteren Schwester in Schwabing.

Henk war von ihr begeistert. Sie lag beim Tanzen so locker und anschmiegsam im Arm wie eine Fee, ohne sich aber im Geringsten auf näheren Körperkontakt einzulassen. Wegen der lauten Musik spazierte er mit ihr in den Garten, wo die Linden einen betörenden Duft verbreiteten und der Mond durch die Blätter schien. Goethestimmung zum Dichten. Romantik pur.

Henk packte seine Bildung aus, erzählte von Hamburg, vom Segeln auf der Nordsee und versäumte nicht, gelegentlich Fragen einzustreuen, die sich auf sein, aber nicht ihr Gebiet bezogen.

»Meine Familie stammt aus der Zeit des *Stralsunder Friedens*, du weißt schon …«

»Nein, weiß ich nicht«, Linda sah ihn mit spöttischem Lächeln an. »Meine stammt aus der Zeit von Adam und Eva.« Seine etwas angeberische Art reizte sie zur Ironie, obschon ihr der gut aussehende Hanseat durchaus gefiel.

»Du musst mal zu uns hochkommen«, Henk überhörte den Einwurf und ließ nicht locker.

»Wieso zu euch *hoch*? Dorthin geht's doch runter, zu uns geht's hoch. Komm doch du mal dahin!«

Nein. So naiv, wie er anfangs geglaubt hatte, war Linda nicht und wenn es ihn auch etwas verdross, dass sie nicht nur bewundernd zu ihm aufblickte, so imponierte ihm doch ihr keckes Selbstbewusstsein. Er brachte sie vor ihre Haustüre und fragte beiläufig, ob er noch einen Sprung hochkommen könne auf ein Glas Wasser, er habe so Durst.

»Ja, ja«, Linda schubste ihn ein wenig weg, »du könntest dir ja noch meine Schmetterlingssammlung ansehen wollen. Sei nicht kindisch, ich wohn bei meiner Schwester … und überhaupt, was fällt dir ein.« Sie zog

ihm seine Kappe vor die Augen und verschwand im Eingang.
Gott sei Dank hatte Henk ihre Telefonnummer. Tante Berta empfing ihn mit einem kritischen Blick auf die Standuhr und er verbrachte eine fast schlaflose Nacht, so sehr hatte es ihn erwischt. Auch sie hatte Feuer gefangen und hoffte auf ein Wiedersehen.
Kurze Zeit später, sein Rückflug nach Hamburg war nicht mehr weit, saß das junge Paar in einem Café.
»Ich fahr morgen nach Hause« sagte sie mit einem Zug von Traurigkeit zwischen den Augen. Ein Anflug von Abschiedsschmerz überkam beide und er streichelte ihre Hand, die sie nicht zurückzog.
»Kann ich nicht mitkommen? Zwei Tage kann ich noch bleiben.«
»In unser Haus, das wird nicht gehen«, bedauerte sie und nach einer Weile: »Aber wir könnten zusammen eine Bergtour machen, auf eine Sennhütte hinauf. ›Auf der Alm, da gibt's koa Sünd'‹.« Linda wurde rot. Das hätte sie besser nicht sagen sollen, dachte sie.
Henk überlegte nicht lange und rief so laut »Einverstanden!«, dass die Tischnachbarn herüberschauten und Linda noch röter wurde.
Alles wurde vorbereitet. Tante Berta war erstaunt über die plötzliche Unternehmungslust ihres Neffen; und Linda sagte ihr Kommen bei den Eltern ab.
Bei strahlendem Wetter erreichten sie tags darauf per Bahn die Station, von der aus nach wenigen Kilometern Anmarsch der Aufstieg begann, der Linda wohl vertraut war. Henk strebte voraus und bewunderte höflich Lindas

heimische Gefilde, dann begann er von neuem mit kleinen Angebereien über seine Heimat, sprach von waghalsigen Segeltörns und rauschenden Festen seiner Patrizierstadt. Anfangs meinte er einmal, man könne doch die steilere Abkürzung nehmen. Linda ließ ihn gewähren, hörte nur zu und empfahl, nicht so viel zu quatschen. Doch schon bald musste er die Zähne zusammenbeißen. Die Füße taten ihm weh, besonders weil er extra noch neue Stiefel gekauft hatte, die Schenkel begannen zu brennen und die ungewohnt höhere Bergluft ließ ihn schneller atmen.

»Nur um Gottes willen nicht schlapp machen«, dachte er und zwang sich zu gleichmütiger Miene.

Endlich empfahl das Mädel eine kurze Rast und sie aßen gemeinsam die mitgebrachten Brötchen aus dem Rucksack, den selbstverständlich Henk hatte tragen wollen, weshalb er nun eine schmerzende Druckstelle an einer Schulter hatte.

Henk zog einen der Schuhe aus.

»Ich hab da wohl einen Stein drinnen« meinte er und sah sich die Blase an der Ferse an.

»Du hast nagelneue Stiefel. Ich habe Pflaster mitgenommen, mach dir welche drauf.«

»Die ist ganz schön hart und abgebrüht«, dachte er, weil er mehr Mitgefühl erwartet hatte, aber dann fand er es auch ganz in Ordnung.

Der weitere Aufstieg war felsiger, manchmal mussten sie auch die Hände gebrauchen und Henk hoffte, dass es nicht steiler würde. Linda stieg nun voraus und trug jetzt den Rucksack.

Die Sonne brannte. Henk hatte die Kappe nicht aufgesetzt, weil er etwas braun werden wollte und fühlte nun ein schmerzendes Jucken auf der Stirn.
»Verdammte Berge!« dachte er. »Da hab ich mich auf was eingelassen!«
Gelegentlich musste nun Linda auf ihn warten und sie stieg sofort weiter, wenn er ankam und keuchend irgendwelche Gründe stammeln wollte, warum er so langsam war. Endlich ging es ein Stück abwärts über Geröll, aber Henk konnte sich nicht daran erfreuen, denn nun wurden seine Knie bei jedem Tritt malträtiert und ein paar Mal musste er stehen bleiben, weil er sich die Knöchel anschlug.
Linda bewegte sich fast tänzelnd hinab und zeigte plötzlich auf ein mittelgroßes Gebäude mit Steinen auf dem Dach, das sich an einen der gegenüberliegenden Felsen anzuschmiegen schien.
»Die Sennhütte!«, rief sie und Henk fiel ein Stein vom Herzen und gleichzeitig einer auf den Fuß.

Die erste Dämmerung warf schon weite Schatten, als sie die schmucke Wirtsstube betraten und Henk sich auf die nächststehende Holzbank fallen ließ.
»Do kennas net hersitz'n«, sagte die dicke Wirtin, die mit vier Maßkrügen in der Hand vorüberging. »Do sitzt da Frieder, der is' bloß grod nausganga, sitz' di' do' daneb'n!«
»Wie bitte?« Henk verstand nicht.
»Wir setzen uns dort an den Tisch«, sagte Linda.
Die Stube hing voll Rauch und der junge Hanseat konn-

te nun endlich in natura sehen, was er bisher nur lächelnd auf alten Postkarten von Onkel Willem betrachtet hatte. Rehgeweihe an der Wand, Sepplhosen an den Beinen, Gamsbärte auf den Hüten und lange Pfeifen im Mund.

»Das muss ich zu Hause erzählen«, dachte er und seine Lebensgeister erwachten wieder. Ein Krug knallte vor ihm auf den Tisch und die dicke Frau machte einen Strich auf die runde Pappe darunter.

»Wuist wos ess'n?« fragte sie ihn.

Henk sah erstaunt zu Linda auf, die sich inzwischen frisch gemacht hatte, lustig neben ihn setzte und ihn frech in den Arm kniff. Sie aßen das Jägerschnitzel und Henk trank ein Bier nach dem anderen, um seinen mörderischen Durst zu stillen, während am Stammtisch die Spielkarten mit krachenden Fäusten auf die Platte flogen. Der Wirt war nun hinzugekommen und klärte das Paar über die Übernachtungsmöglichkeiten auf.

»S'Laga is' voi. Aba mir ham no des Zimma, des kennt's ham.«

Linda schwieg zuerst, dann sagte sie leise:

»Ob wir das Zimmer wollen, weil das Lager schon belegt ist?«

Henk nickte dem Mann zu, der ihm darauf einen Schnaps hinstellte und verständnisvoll zuzwinkerte. Drüben begann ein bärtiger Alter auf seiner Zither zu spielen und bald sangen alle dazu: *Ich tanze mit dir in den Himmel hinein … Du bist die Rose, die Rose vom Wörthersee* und andere Schnulzen.

Eine »saugemütliche« Stimmung kam auf, Henk war begeistert, ein Schnaps nach dem anderen wurde gekippt und er sah die schwitzend herumlaufende Dicke manchmal schon doppelt.

»Können Sie auch *Junge komm bald wieder* spielen?«, fragte er in eine Sekunde der Ruhe hinein.

»Wo kimmst du denn her?«, entgegnete ihm ein Nachbar neugierig.

»Hamburch!«, rief Henk belustigt und froh, wenigstens das verstanden zu haben.

»A Flachlandtiroler!«, feixte der daneben, »dir gib i oan aus.« Und schon kam das nächste Gläschen. Auch Linda trank, wenn auch etwas zurückhaltender.

Auf Henks Wunsch hin wurde auch noch gejodelt. Von den Witzen, die danach erzählt wurden und die brüllendes Lachen hervorriefen, verstand Henk kein Wort und Linda, um die er längst traulich seinen Arm gelegt hatte, schüttelte nur mit zugekniffenen Augen den Kopf, wenn er sie nach der Pointe fragte. Einer nach dem anderen verließ schließlich die Stube und es schien Henk an der Zeit, nun die ersehnte Zweisamkeit mit seiner Angebeteten zu suchen.

In schweigender Verlegenheit ging sie mit ihm nach oben und er musste sich am Treppengeländer festhalten, weil er so schwankte.

Das Zimmer war dunkel und Linda wollte kein Licht, als sich beide zur Ruhe begaben. Zärtlich begann er sie zu küssen und sie erwiderte seine Liebkosungen. Aber wie er sich auch mühte, zum Ziel seiner erträumten Wünsche zu gelangen, seine Kräfte schienen verbraucht und seine Männlichkeit ließ ihn im Stich. Sein Herz klopfte spürbar und der Schweiß brach ihm aus, aber nichts regte sich. Schamvoll dachte er an eine Reisebeschreibung Goethes, der über ein gleiches Missgeschick mit Selbstironie berichtet hatte, aber es konnte ihn nicht trösten. Schließlich gab er auf und sank in Schlaf.

Als er bei hellem Sonnenschein erwachte, lag er alleine im Bett.

»Sie ist enttäuscht gegangen«, dachte er in seinem verkaterten Kopf und sinnierte traurig vor sich hin.

Plötzlich kam Linda frisch und lustig zur Tür herein, mit einem Strauß Bergblumen in der Hand.

»Guten Morgen!«, sang sie munter. »Hat der stolze Patrizier endlich ausgeschlafen?« Darauf küsste sie ihn auf die Stirn, die vom Sonnenbrand glühte. Henk war verliebter denn je, aber die missglückte Liebesnacht stand wie ein Albtraum vor seiner Seele.

»Tut mir Leid.« sagte er mühsam.

»Was tut dir Leid?« Linda schürzte die Lippen.

»Heute Nacht … Ich weiß nicht, was mit mir los war.« Er hielt sich den Kopf.

»Ach was!« Sie machte eine wegwerfende Handbewegung. »Ich hab's dir doch vorher gesagt: ›Auf der Alm, da gibt's koa Sünd'‹.«

Jetzt schüttelte Henk sich vor Lachen.

»Was für ein tolles Mädel du doch bist!«, rief er freudig.

Beim munter eingenommenen Frühstück stieß er die Geliebte kurz an und witzelte.

»Mir ist gerade ein Spruch eingefallen:
Mit Alkohol und wenig Luft,
sehr bald die Liebeslust verpufft.«

Sie lachten herzhaft.
»Weißt du«, sagte sie ganz ernst, »jetzt hab ich dich erst richtig lieb.« Und dann fügte sie voll Lustigkeit hinzu: »Du auf deinem hohen Ross, du Saupreiß du. Das nächste Mal komm ich zu dir, dann hast du Heimvorteil.«
Sie hielt Wort und besuchte Henk in Hamburg. Kaum ein Jahr später waren die beiden glücklich verheiratet und inzwischen haben sie vier Kinder.

Lawinen

Enttäuschung tut weh. Die meisten Enttäuschten sehen sich betrogen, häufig von anderen Menschen, insbesondere von Partnern, welche sie falsch eingeschätzt hatten. Und sie reagieren selbstmitleidig oder ärgerlich.

»Herr Soundso hat mich enttäuscht, ich hatte ihn für großzügiger gehalten.«

In Wahrheit war jedoch Herr Soundso immer schon geizig gewesen und hier nur falsch eingeschätzt worden. Die lamentierende Person sollte stattdessen doch froh sein, einer bisherigen Täuschung, der sie erlag, nun nicht mehr zu erliegen. Sie sollte sich an die eigene Nase fassen und eine bessere Menschenkenntnis anstreben.

Geradezu lächerlich ist es, sich von Umständen enttäuscht zu sehen. Vom Platzregen, der die mühsam vorbereitete Gartenparty ins Wasser fallen lässt oder vom Anglerpech, weil am einzig freien Nachmittag kein Fisch anbeißen will.

Glückliche Naturen versuchen immer, das Beste aus einer unvorhergesehenen Situation zu machen, lassen sich die Stimmung nicht verderben und ziehen noch eine Lehre aus jedem Ungemach.

Das Wetter ist sozial und trifft alle gleichermaßen, nur in

unterschiedlicher Erwartung und Hoffnung. Man hätte beispielsweise Vorsorge im Haus treffen können, um die Party gegebenenfalls nach innen zu verlegen. Der Angler hätte zu anderen Ködern greifen oder vorab schon erspüren sollen, dass Fische an heißen Tagen erst am Abend fressen wollen und besser einen Waldspaziergang gemacht.

Es gibt unendlich viele Beispiele dieser Art und die Reaktionen sind ebenso vielfältig, wobei das Wesen einer Persönlichkeit darin wohl am deutlichsten zu Tage tritt.

Es gibt eine besonders gravierende Form des Enttäuschtseins. Etwas wie Hader über das falsch eingeschätzte eigene Schicksal. Der Lebensplan ist gescheitert. Nichts scheint mehr Sinn zu machen. Nicht einmal ein Schuldiger ist zu finden, dem alles anzulasten wäre. Es ist eine Art Enttäuschung am eigenen Schöpfungsbild, an der Vorstellung von sich selbst.

Jedoch – da nicht sein kann, was nicht sein darf – dieser Mensch reagiert aggressiv nach außen. Die wahren Gründe werden verdrängt, die ganze Welt wird schuldig gesprochen, nur der Schwache tritt bescheiden ab. Rache könnte die Verzweiflung der Enttäuschung besänftigen – Intrige, Zerstörungswut, Amoklauf.

Aber nur ein Dummer rennt gleich auf die Straße und ballert um sich. Es gibt viel subtilere Methoden, die tiefere Befriedigung verschaffen können, risikoloser sind oder gar die Umstände wandeln könnten.

Vierzig Mann der Bergwacht suchten intensiv seit den frühen Morgenstunden einen Hang im alpinen Hochgebirge ab, an dem am frühen Abend zuvor eine Lawine abgegangen war, die drei von vier zu einer Hütte aufsteigende Schifahrer in die Tiefe gerissen und begraben hatte. Mit Suchhunden und Sonden waren sie noch bei Dunkelheit aufgebrochen, nachdem der vierte Mann mit der Meldung ins Tal gekommen war.

Der Hang hatte auf Grund seiner Struktur im oberen Bereich als lawinensicher gegolten, weshalb keine besonderen Warnungen ausgegeben worden waren. Am Nachmittag fand man zuerst zwei der beiden Verunglückten und kurz danach den Dritten. Sie waren wohl alle sofort tot gewesen.

Nachdenklich stand danach der Leiter des ermüdeten Suchteams, Gerd Obermüller, neben einer Gruppe, die mit der Bergung beschäftig war. Bisher war er nicht zum Überlegen gekommen. Nach einer Weile sprach er seinen jungen Kollegen Franzi an, den er als seinen besten Helfer betrachtete und sah nach oben:

»Eigenartig, das ist in diesem Jahr schon die dritte Lawine mit Opfern, die nach aller Erfahrung nicht hätte abgehen dürfen, und noch dazu gegen Abend. Unverständlich!«

Der andere kniff den Mund zusammen und nickte, während die Toten in den vorbereiteten Akjas abtransportiert wurden.

»Wir beide gehen alleine nochmals hoch und untersuchen die Stelle des Abbruchs, das Wetter bleibt ja gut.«

Am nächsten Tag beobachteten die beiden aufmerksam das Gelände, von dem aus die Lawine abgegangen war, und Obermüller schüttelte immer wieder den Kopf:

»Und das gegen Abend, wo die Sonne hier gar nicht mehr draufscheint.«
Franzi fand noch ein seltsames schwarzes Plastikteil, dem sie keine Bedeutung zumaßen, aber das sie der Ordnung halber mitnahmen.
»Sicherheitshalber benachrichtige ich die Kripo«, meinte Obermüller. »Es erscheint mir doch eigenartig, schon das dritte Unglück dieser Art in diesem Jahr. Das ist tragisch und wirft ein furchtbar schlechtes Bild auf unsere Arbeit.«
Anderntags gab der umsichtige Obermüller mit ernsten Worten einen Hinweis beim LKA ab. Doch der zuständige Ressortleiter zeigte sich wenig beeindruckt und leitete die Meldung mit der Bemerkung weiter:
»Was sollen wir denn da unternehmen, die haben halt geschlampt und suchen jetzt nach Gründen, welche ihre Verantwortung abmildern. Geben Sie die Sache Kommissar Berger, der verbringt sowieso jedes Wochenende in den Bergen.«
Franz Berger wäre als Junge gerne Biologe geworden, am liebsten Forscher. Aber sein Vater war beim Geheimdienst gewesen, ohne politisches Engagement, wie er stets betont hatte, sondern wegen seines spezifischen Interesses an komplizierten und komplexen Vorgängen, hinter denen sich die vielschichtigen Phantasien gewiefter Profis verbargen. Die galt es zu durchschauen. Der Sohn hatte diese Eigenschaft geerbt und war zudem fasziniert gewesen von den heimlich ihm anvertrauten Erzählungen des Vaters, und so hatte er eine solide Ausbildung zum Kriminalisten durchlaufen und es bis zum

Kommissar gebracht. Vielleicht hätte er längst mit Erfolg einen höheren Dienstgrad anstreben können, aber das hätte ihn der spannenden Praxis entzogen und an den Schreibtisch einer Chefetage verbannt.
Freunde, Kollegen und auch seine Frau nannten ihn wegen seiner Naturliebe »Francesco«, obwohl er nicht nach dem von Assisi, sondern nach dem von Sales getauft worden war. Berger genoss Anerkennung und sogar Zuneigung bei Vorgesetzten und Mitarbeitern.

Am anderen Tag saß Berger mit Obermüller und Franzi an einem Tisch in der Gaststube neben der Station der Bergwacht.
»Warum haben Sie nicht schon den zweiten ungewöhnlichen Lawinenabgang gemeldet?« fragte er nach der Einführung durch den Bergführer.
»Herr Kommissar, das war zwar auch schon ungewöhnlich, aber immer noch irgendwie erklärbar. Man hätte mich nicht ernst genommen.«
»Da mögen Sie Recht haben, auch jetzt noch ist man skeptisch.«
»Aber bitte, die Lawine ging zu einem Zeitpunkt ab, wo Lawinen sich einfach nicht lösen können. Im Schatten des Abends. Unverständlich.«
»Sie haben die Abbruchstelle untersucht?«
»Ja.«
»Und nichts, gar nichts gefunden, was ungewöhnlich wäre?«
»Nein, das heißt, Franzi fand ein Stück Plastik, wo hast du es denn?«

Franzi wurde rot. »Das hab ich entsorgt, Gerd, wozu sollte man das gebrauchen können?«, fragte er betreten.
»Können Sie das vielleicht wieder finden?« Berger sah die Verlegenheit des jungen Mannes und klopfte ihm beruhigend auf den Arm.
Franzi ging wortlos.
»Wo blieb denn der vierte Mann, der, den es nicht erwischt hat?«
»Der heißt, glaub ich, Erwin Schubert, ich hab seine Angaben notiert.« Obermüller zog sein Notizbuch. »Er wohnt etwa zwanzig Kilometer von hier. Der Schock saß tief bei ihm, man musste ihn ausruhen lassen, sonst hätte ich ihn mit nach oben genommen.«
»Sorgen Sie dafür, dass ihr Kollege das kleine Teilchen wieder bringt!«

Berger fuhr zur angegebenen Adresse und läutete.
»Kommissar Berger. Ist Herr Schubert zu sprechen?« fragte er die Frau, die in der Tür stand, und zeigte seinen Ausweis.
»Sie meinen sicher Erwin, meinen Sohn, der ist zum Schwimmen gegangen. Wissen Sie, der muss sich erholen, der ist völlig fertig: Drei seiner Studienkollegen hat er vorgestern bei einer Schitour verloren. Schrecklich, er kam nur knapp mit dem Leben davon.«
»Was studiert ihr Sohn denn?« Berger war hereingekommen und die Frau bot ihm einen Stuhl an.
»Physik und Mathematik in München, fünftes Semester.« Die Mutter sagte das mit Stolz. »Ich habe immer

Angst um ihn, wenn er in den Bergen unterwegs ist. Schon einmal war er nur knapp davongekommen.«
Berger blickte auf. »Wann war das?«
»Ich weiß nicht mehr genau, fragen Sie ihn selbst, er muss ja bald kommen, darf ich Ihnen einen Kaffee bringen?« Der Kommissar nickte und sie ging zur Küche.
»Worum geht es eigentlich?« rief sie von draußen.
»Es geht um diesen Unfall, den Sie erwähnt haben.«
»Das hab ich mir gedacht. Einfach schrecklich. So junge Leute.«
Der Sohn kam nach Hause. Die Mutter stellte den Kaffee auf den Tisch: »Erwin, das ist Kommissar Berger, er kommt wegen des Unglücks.«
»Ach, wieso ist das ein Fall für die Polizei?« Erwin machte ein erstauntes Gesicht.
»Ja, Herr Schubert, die Sache ist ein wenig knifflig. Wie kam es denn, dass Sie – Gott sei Dank – von der Lawine verschont blieben?«
»Ich stieg ein wenig abseits auf, weil dort schon Schatten und der Schnee etwas härter war. Ich kenne den Hang gut. Die andern haben noch die letzte Sonne genießen wollen.«
»Erwin, erzähl doch von deinem letzten Unfall, wann war das noch mal?« Frau Schubert goss Kaffee ein.
»Ach Mutter, das ist doch unwichtig, das war vor drei Jahren.« Er machte eine abweisende Handbewegung und wandte sich zu Berger. »Damals hab ich mir den Knöchel bei einem Sturz gebrochen, meine Mutter übertreibt gerne.«
Berger trank die Tasse leer und stand auf:

»Kommen Sie morgen mit nach oben, Herr Schubert?«
»Sagen Sie doch Erwin, Herr Kommissar. Ja, ich kann gerne mitkommen.«

Zu viert nahmen sie am folgenden Tag die Gondel und stiegen nochmals zur Abbruchstelle. Es war ein ganz schönes Stück da hinauf, aber auch Berger war kein ungeübter Bergsteiger und so erreichten sie bei strahlend blauem Himmel über dem Lawinenkegel die Stelle der Abrissfront unterhalb des Felsaufbaus.
Franzi hatte nach langem Wühlen im Abfall das Plastikstück wieder gefunden, das er nun Berger übergab, und Obermüller erklärte, was er nach seiner Einschätzung an dem Abgang der Schneemasse als ungewöhnlich erachte.
Der Kommissar wandte sich an Erwin: »Ist Ihnen denn nichts Besonderes aufgefallen? Ein heftiger Windstoß, ein Geräusch?«
»Doch ja, einen Knall habe ich schon gehört.«
»Mir hast du davon nichts gesagt.« Obermüller sah ihn ärgerlich an.«
»Niemand hat so etwas gefragt und ich glaubte, es sei ein abstürzender Felsen gewesen. Ich war auch sehr verwirrt.«
»Kann so etwas die Lawine denn ausgelöst haben?« Berger blickte zu Obermüller.
»Nein, ein großer Stein poltert herunter und gräbt sich in den noch weichen Schnee ein. Außerdem wäre es ebenso ungewöhnlich, wenn sich bei den gegebenen Verhältnissen ein Felsteil gelöst hätte.«
»Dann war es wohl eine Explosion?« Francesco Berger strich sich über die Nase. Er nahm nochmals das Plastik-

stück zur Hand und sagte zu sich selbst: »Das Ding lass ich im Labor untersuchen.«
Das Resultat dieser Untersuchung ergab drei Seiten voll komplizierter chemischer Daten und Bezeichnungen, welche Herstellung, Verformung und andere Details enthielten, die den Kunststoff betrafen, und die Francesco weder verstand noch dass sie ihn interessiert hätten. Nur einer der letzten Sätze schien ihm bedeutungsvoll und sprach für seine Hypothese. An der Oberfläche waren neue Schmauchspuren festzustellen. Die Explosionstheorie schien sich zu bestätigen.
Die Lawine war also durch Zündung einer Sprengladung ausgelöst worden, wie das ja oft gezielt mit aller gebotenen Kontrolle zur Sicherheit geschieht. Hier aber war anscheinend bewusst eine gefährdende Absicht im Spiel gewesen, wie auch möglicherweise bei den beiden vorhergegangenen zeitnahen Unglücksfällen, deren Untersuchung wegen der Witterungseinflüsse nun nichts mehr bringen würde.
»Der oder die Täter«, so überlegte Berger, »wollten also gezielt jemanden töten, der sich auf der jeweils gefährdeten Stelle befand.«
Es ergab sich jedoch nicht der geringste Zusammenhang zwischen den Toten der drei Lawinen. Auch wenn sich die Annahme erlaubte, die ersten beiden Fälle mit den derzeitigen Untersuchungen in Verbindung zu bringen, zwingend war dies nicht. Zu oft schon hatte der Kommissar die Erfahrung machen müssen, wie man sich durch scheinbare Zusammenhänge zu falschen Schlüssen verleiten lassen konnte, um sich hier nun eindeutig fest-

zulegen. Berücksichtigen wollte er diese Fakten aber durchaus.

Erneut traf er sich mit Obermüller und erfuhr, dass dieser schon oft Sprengungen zur Auslösung von Lawinen beigewohnt hatte, deren vorzeitiger Abgang die Gegend für Schifahrer und Bergsteiger sicher machen sollte.
Der dafür beauftragte Sprengmeister wurde herbeigeholt. Herr Wirner erklärte sodann, wie solche Maßnahmen durchgeführt würden, welche Untersuchungen vorausgingen, welche Menge Sprengstoff und welcher Sicherheitsabstand bei der Zündung nötig seien.
»Könnte man die Detonation auch aus größerer Entfernung durch Funksignale auslösen?«, wollte Berger wissen.
»Das ist technisch möglich, aber ein unnötig teurer Aufwand für unsere Aufgabe.«
»Der Täter muss ein Kenner der speziellen Eigenschaften von Lawinen sein, wenn Ihre Theorie stimmt, Herr Kommissar«, meinte Obermüller. »Denn diese letzte war gar nicht leicht so gezielt auszulösen. Da gehört allerhand Erfahrung dazu.«
»Herr Wirner, in Ihrem Beruf lernt man das ja wohl alles genau?«
»Natürlich, Sie denken doch nicht, dass jemand von uns …?«
»Ach nein, das ist eine grundsätzliche Frage.«
»Ja, ja, für diese Aufgaben sind wir speziell ausgebildet, da ist der Umgang mit Sprengsatz und Material, Vorsichtsmaßnahmen, Glaziologie …«
»Wie bitte?« Berger blickte interessiert.

»Ja, Gletscher, Moränen, Lawinen, das hängt alles miteinander zusammen.«
»Gibt es dafür eine besondere Fakultät?«
»Fakultät? Weiß ich nicht. Zu unserem Ausbildungskurs kam Dr. Spengler aus München, der ist Glaziologe.«
»Dr. Spengler, so, so. Den muss ich doch einmal befragen.« Francesco sagte das mehr zu sich selbst und strich sich nachdenklich mit dem Zeigefinger über die Nase.

Am nächsten Tag saß er im Nebenzimmer eines Labors in München Prof. Dr. Alois Spengler gegenüber. Dieser war ein älterer Herr mit Bart und etwas blasiertem Gehabe. Berger hatte sich ausgewiesen, zog es aber vor, zu Beginn des Gesprächs die Einzelheiten seines Besuchsgrundes nicht offen zu legen, was den Gesprächpartner irritierte und er nervös auf die Uhr sah.
»Sie halten gelegentlich Kurse zur Ausbildung für die Sprengung von Lawinen ab?«
»Ja, das kommt vor. Eigentlich interessiert mich dieses Spezialgebiet nicht. Ich bin Wissenschaftler. In unserem Institut werden alle Eigenschaften des Schnees … Wussten Sie, dass es davon über vierzig verschiedene Arten gibt?« Plötzlich hatte er Zeit und Berger suchte ihn zu bremsen.
»Es geht hier nur um die Auslösung von Lawinen.«
»Ja, da gibt es vieles zu sagen. Trockenschnee-Lawinen, so genannte Staublawinen aus Pulverschnee, fast immer nach großen Niederschlägen, Grund-Lawinen, solche aus Firn oder Gletschereis an Brüchen oder der Stirn steiler Hängegletscher …«

»Nein, nein, es geht nicht um den natürlichen Abbruch einer Lawine, sondern um die künstliche Auslösung durch Beschuss oder Sprengung.«
»Das ist nicht mein Gebiet.« Der Professor schien enttäuscht und sah erneut auf die Uhr. »Da müssen Sie Dr. Plempert fragen, der befasst sich mit solchem Zeug.« In der Stimme spürte Francesco eine leichte Verächtlichkeit.
»Kann ich ihn sprechen?«
»Plempert ist heute nicht da. Der kommt mal – oder auch nicht.«
»Können Sie ihm ausrichten, er möge mich anrufen.« Berger übergab seine Karte.
»Na gut.« Spengler erhob sich und ging nach kurzem Gruß.
Franz Berger hatte das Gefühl, im Dunkeln zu tappen. Wo nur sollte er weiterforschen. Kein Motiv wollte sich ergeben, nichts zusammenreimen bei diesem eigenartigen Fall. Im Umkreis der Studenten, die zu Tode gekommen waren, wollte er noch nachforschen, aber es schien ihm nicht viel versprechend.
Das Plastikteil hatte er noch einem Labor für Waffenkunde übergeben und wartete nun auf das Ergebnis.

Drei Tage später erhielt er einen Anruf.
Eine hohe, etwas belegte Stimme meldete sich.
»Hier Dr. Paul Plempert. Sie wollten mich sprechen?«
»Ach ja, schön dass Sie anrufen, wo können wir miteinander reden?«
»Ich bin sehr beschäftigt, aber wenn Sie zu mir ins Institut kommen möchten?«

»In einer Stunde bin ich bei Ihnen.«

Plempert war etwa um die vierzig Jahre alt, ein Astheniker mit forschendem Blick, der meist über die Brille hinwegsah. Die tiefe Falte zwischen den Augen ließ auf ein etwas schweres Gemüt schließen und er zeigte kein Lächeln bei der Begrüßung.

»Sie kommen sicher wegen der Veranstaltung vor zwei Wochen«, hob er an.

»Eigentlich nicht«, sagte Berger ruhig, »aber erzählen Sie nur, was war denn da?«

»Ach, da gab es ein Treffen des Alpenvereins und das habe ich dazu genutzt, um meine wichtige Erfindung vorzustellen. Ich war nicht vorgesehen, nicht auf der Tagesordnung, wie man sagt. Die Leute sind so ignorant. Der Veranstalter hat mich andauernd unterbrochen, mir das Wort verbieten wollen und sogar mit der Polizei gedroht. Ekelhaft!« Plempert erregte sich und wurde dann wieder ruhiger:

»Aber was wollen Sie denn mit mir besprechen, wenn nicht das?«

Berger wollte nun bei dem angesprochenen Thema bleiben.

»Was für eine wichtige Erfindung haben Sie denn gemacht?«

»Wissen Sie, ich bin Chemiker und Glaziologe, das gehört für mich zusammen. Fast zwanzig Jahre habe ich daran gearbeitet, ein Verfahren zu entwickeln, Schnee durch chemische Verbindungen so zu beeinflussen, dass die Moleküle ihre Gleitfähigkeit verlieren. Das ist eine bahnbrechende Entwicklung, aber die Leute sind so borniert ...«

»Wozu soll diese veränderte Eigenschaft denn dienen?«
»Das ist doch wirklich leicht verständlich. Da ist ein Gebirgshang von über zwanzig Grad Neigung«, Plempert zeigte mit den Händen diesen Winkel an, »und bei den natürlichen Eigenschaften des Schnees kommt es unweigerlich zu Abbrüchen und Abrutsch, das ist doch bekannt. Mit meiner Methode werden die Schneemassen in sich gefestigt, sie verkleben sich geradezu und es kommt nicht zur Lawine. Verstehen Sie?«
Berger nickte. »Und wie soll das Zeug, ich meine ihr chemisches Wasser, oder was …«
»Es handelt sich um staubfeines Pulver, welches tief einsinkt. Sie wollen wissen, wie es an Ort und Stelle verbracht wird? Das ist heute kein Problem. Helikopter und Kleinflugzeuge überfliegen ja auch Felder und Wälder, um wirksame chemische Mittel zu versprühen.«
»Ja, das ist wohl richtig«, Berger betrachtete seinen Gesprächspartner genau, der sich in Fahrt geredet hatte, sichtlich froh, einen aufmerksamen Zuhörer gefunden zu haben. »Sind Sie ein kundiger Bergsteiger?«
»Das bringt meine Tätigkeit selbstverständlich mit sich«, fuhr der andere fort. »Wissen Sie, wie viele Menschen man davor bewahren könnte, unter diese gefährlichen Lawinen zu geraten, Schneebretter auszulösen …«
»Warum wird Ihre Erfindung denn nicht angewendet?«
»Ja, da sind wir am Punkt!« Plempert war erregt. »Den einen ist es zu kompliziert, andere meinen, es sei zu teuer und es gibt sogar welche, die an der Wirksamkeit zweifeln wollen. Alles Unsinn! Das Verfahren ist erprobt, aber Missgunst, Neid und diese Lobby …«, er machte eine

abwertende Handbewegung. »Allein diese Bergwacht mit ihren Beauftragten für veralterte Sprengmethoden, die haben Angst um ihre Jobs.« Er blickte verachtend zum Himmel.

»Was sagt denn Dr. Spengler dazu?«

»Mein Gott, der Professor! Eigentlich müsste er mir ja Recht geben, aber immer soll ich an anderen, völlig unbedeutenden Aufgaben arbeiten. Ich werde mich durchsetzen, glauben Sie mir, daran wird mich niemand hindern! Ich mache noch alle Welt aufmerksam auf mein Patent.« Plempert war richtig laut geworden.

Berger machte sich auf zu gehen.

»Aber warum wollten Sie mich denn nun überhaupt sprechen?« Plempert war plötzlich verdutzt.

»Oh, nicht so wichtig. Sehr interessant ihre Theorien und Ausführungen. Man sollte Sie wirklich mehr beachten! Ich denke, man schätzt Sie falsch ein.« Berger zeigte mit dem Finger auf sein Vis-à-vis und verabschiedete sich.

Am nächsten Morgen erhielt er Nachricht vom militärischen Labor. Das kleine Kunststoffteil wurde einer Fernzündanlage zugeordnet, die in Spezialgeschäften auf Bestellung erhältlich ist.

Berger fühlte, dass er nun schnell handeln müsse. Mit einem Hausdurchsuchungsbefehl und zwei Beamten suchte er die inzwischen ermittelte Privatwohnung von Dr. Plempert auf. Beim Eintritt der Herren stand dieser im Trainingsanzug da und war völlig überrascht.

»Ich mache Sie berühmt«, sagte Berger mit hochgezogenen Augenbrauen. Dann saßen sie sich eine Weile gegen-

über und Plempert klimperte nervös mit seinen Fingern auf dem Tisch, während die anderen die Wohnung durchsuchten. Nach einer Viertelstunde sprach einer der Beamten leise zu Berger.
»Dr. Plempert«, Berger stand auf: »Ich muss Sie leider festnehmen aufgrund des dringenden Tatverdachtes, mindestens drei Menschen vorsätzlich umgebracht zu haben. Jahrelang hatten Sie an Ihrem Projekt gearbeitet, aber das Ergebnis Ihrer Forschungen fand weder Erfolg noch Anerkennung. In Ihrer immer tiefer sitzenden Enttäuschung haben Sie sich zum einen – sozusagen an der Welt – rächen und gleichzeitig Umstände provozieren wollen, die Ihre Erfindung dringend und unersetzlich machen sollten. Deshalb haben Sie in Ihrem kleinen Privatlabor nebenan Sprengkörper konstruiert und Lawinen an Stellen, wo sie sich üblicherweise gar nicht lösen, abgesprengt, gerade als sich in der Gefahrenzone Menschen aufhielten. Das ist vorsätzlich und arglistig und somit Mord.«
Plempert saß zusammengekauert auf seinem Stuhl. Er sagte kein Wort und wurde abgeführt.
Am nächsten Tag erhielt Berger einen Anruf von Prof. Spengler:
»Herr Kommissar, wo bleibt denn mein Assistent? Er hatte sich für heute fest angesagt, Sie hatten doch inzwischen mit ihm gesprochen.«
»Herr Professor, wir mussten Ihren Kollegen leider verhaften. Wissen Sie von der Geschichte mit seiner Erfindung? Diese chemische Substanz, mit der Schnee gebunden werden sollte.«

»Natürlich weiß ich das. Es war ja auch was dran, aber nicht wirklich praktikabel. Dr. Plempert ist ein sehr schwieriger Mensch, wahnsinnig ehrgeizig und wohl ein bisschen verrückt. Es ist immer schwer zu sagen, wo der Charakter endet und die Schizophrenie beginnt.«
»Da haben Sie wohl Recht.«
Francesco begab sich nach Hause.

Das Edelweiß

Jeder weiß, was ein Edelweiß ist. Genau weiß das aber nicht jeder. Bevor die bekannte Alpenblume diesen Namen erhielt, war »Edelweiß« eine Tiroler Volksbezeichnung. Die kleine Blume, lateinisch *Leontopodium alpinum* genannt, ist ein Korbblütler und hauptsächlich in den Hochgebirgen zu finden. Weiß bis grüngrauhaarige Kleinstauden mit schmalen, unten rosettenförmig angeordneten Blättern und trugdoldig gehäuften, kleinen bräunlich-gelblichen Blütenkörbchen sowie oberseits weißfilzigen Hochblättern. Es wächst in den Alpen, Pyrenäen, Karpaten und den Balkangebirgen, vor allem in exponierten Felsritzen, ist stellenweise recht selten oder gar ausgerottet geworden und steht unter Naturschutz.
Aber das Edelweiß steht auch für Bedeutungen:
Unter Liebenden galt das Edelweiß früher als Zeichen der Verschwiegenheit.
Ein österreichisch-ungarisches Armeekorps wurde nach dem Edelweiß genannt.
So weit die allgemeinen Beschreibungen dieser nicht allzu auffälligen Blume, die man kaum je in einem Laden kaufen kann und auch nicht zu Einladungen in papiergehüllten Sträußen der Dame des Hauses mit-

bringt, neben einer Flasche Sekt und einer Schachtel Pralinen. Wie schon beschrieben, ist dieses Edelweiß gar nicht so richtig weiß. Margeriten, Annemonen, Mai- und Schneeglöckchen, ganz zu Schweigen von Lilien, sind eigentlich weiß, ohne im Namen so bezeichnet zu werden. Daneben wirkt das Edelweiß eher edelgrau. Aber seine eigenwillige Ausstrahlung und seine Seltenheit machen dieses Blümchen so begehrt und die riskanten und mühsamen Umstände, es zu finden und zu pflücken. Darum vor allem ist das kleine Sternchen berühmt geworden.

Wie ein scheues Wild hat es sich in nur schwer erreichbare Regionen zurückgezogen, an höher gelegene, steile Felsnischen gekrallt, neben Adlerhorst unter unzugänglichen Vorsprüngen. Geübte und erfahrene Bergsteiger und Kletterer lieben den sauberen Fels, der zuverlässige Griffe und Tritte erlaubt. In ihren Kreisen gelten Routen, auf denen sich durch Anflug oder Erosion Erde sammeln konnte, in der etwas wächst, als »dreckig«, denn dort droht schon in weniger steilem Gefilde ein Abrutsch, der zum Sturz führen kann.

Im Winter gefriert Wasser vor allem in den staubgefüllten Querrissen und das Eis sprengt das Gestein immer weiter und lockert einzelne Brocken, die sich leicht lösen können. Eierdiebe von heute geschützten Raubvögeln stehen vor diesem Problem und versuchen deshalb im Geheimen, sich nach Möglichkeit von oben zu den Horsten gesichert abzuseilen. Dieses Geschäft lohnt sich leider, denn die Brut wird teuer bezahlt. Für ein Edelweiß würde solcher Aufwand kaum betrieben.

Früher waren die Bergbewohner meist arm und kämpften beschwerlich um ihre Existenz. Sie lebten im Gebirge nicht wegen der Romantik, die erst im 19. Jahrhundert zur neuen Sicht für Fremde und zum Tourismus führte, sondern weil diese Bereiche billig erstanden werden konnten und nicht zuletzt, weil sie auch sicherer waren vor Raub und Krieg. Unzugänglichkeit und Unwirtlichkeit waren ein ziemlich sicherer Schutz und so bestand eine gewisse Gemeinsamkeit auch mit dem nur mühsam erreichbaren Edelweiß. Deshalb identifizieren sich echte Bergler bis heute mit dieser Blume.
Bergbewohner entwickelten in ihrer Abgeschiedenheit und der Gewohnheit, auf sich selbst angewiesen zu sein, einen besonderen Hang zu Heimatliebe, Selbstständigkeit, Unabhängigkeit und Freiheit. Eroberungen alpiner Gegenden zur Sicherung der Pässe durch Flachlandsoldaten waren stets verlustreich und nicht selten auch erfolglos.
Ein berühmtes Beispiel bietet der Passeuer Landwirt Andreas Hofer gegen das Napoleonische Heer, der seine Bergkameraden aufwiegelte und der Übermacht der französischen Soldaten lange standhielt. Er wurde schließlich 1810 in Mantua erschossen: »Gebt Feuer, ach, was schießt ihr schlecht, ade mein Land Tirol!« Er blieb ein Symbol des Freiheitskampfs.

Weniger bekannt ist das ähnliche Schicksal eines Schweizer Bergburschen dieser Epoche, den die Franzosen zum Militär gezwungen hatten und der in einer Volksweise sein Geschick so beklagt:

Zu Straßburg auf der Schanz'
Da fing mein Trauern an,
Das Alphorn hört' ich drüben wohl anstimmen,
Ins Vaterland musst' ich hinüberschwimmen,
Das ging nicht an.
Ein' Stund' wohl in der Nacht,
Sie haben mich gebracht,
Sie führten mich gleich vor des Hauptmanns Haus,
Ach Gott! Sie fischten mich im Strome auf;
Mit mir ist's aus.
Früh morgens um zehn Uhr
Stellt man mich vor das Regiment;
Ich soll da bitten um Pardon,
Und ich bekomm' gewiss doch meinen Lohn;
Das weiß ich schon.
Ihr Brüder allzumal,
Heut' seht ihr mich zum letzten Mal,
Der Hirtenbub' ist doch nur schuld daran,
Das Alphorn hat mir solches angetan;
Das klag' ich an.

Das Leben dieses jungen Mannes begann im »Bödeli«, damals bei den Einheimischen noch als das eigentliche Berner Oberland bekannt, am Tor zu den Litschinentälern, auf einem kleinen Bauerndorf namens Wilterswyl. Die dort schon lange ansässige Familie wurde Haslibauer genannt und ihr zweitältester Sohn hieß Joseph, oder einfach nur der Seppi. Der Ältere, Kuoni, kümmerte sich mit dem Vater um den kleinen Hof, wobei ihnen der Seppi oft zur Seite ging.

Am liebsten aber verbrachte der Jüngere die Zeit mit ausgedehnten Bergtouren, wobei es ihm nicht um die Ersteigung höchster Gipfel ging, die mit ihrer Schroffheit in der Ferne ein bizarres Panorama bildeten und deren Namen inzwischen zu Weltberühmtheiten avancierten: Jungfrau, Mönch, Eiger und Schreckhorn mit ihrer unverwechselbaren Silhouette oder die etwas ferneren Aletschhorn und Finsteraarhorn, die höchste Spitze der gesamten Region. Zu dieser Zeit waren diese alpinen Riesen noch unbestiegen, aber schon wenige Jahre später brachen die ersten Spezialisten auf, sie zu besiegen. Das jedoch lag nicht im Interesse des Bauernbuben, der weder die schon 1578 entstandene Monografie über die Umgebung des Wissenschaftlers Thomas Schöpf, noch Goethes Beschreibungen der Region von dessen nicht weit zurückliegendem Besuch kannte. Der Seppi liebte vor allem die herrliche Natur seiner Heimat, ihre Pflanzen- und Tierwelt, die Bäche, die Rufe der Hirten und das Alphorn, dessen dumpfer Ton weithin hörbar war und der erst nach mehrfachem Echo langsam schwand. Auf die nahe Schynige Platte war er einmal gestiegen, aber er kannte weder ihren Namen noch ihre Höhe. Es ging ihm nur um die eindrucksvolle Aussicht, die sich dort bot. Die Gletscher reichten zu dieser Zeit noch weit in die zwei Litschinentäler hinein. Sie bilden ein V und heißen Schwarze und Weiße Litschinen.
Nur beiläufig hörten die Bauern der Gegend von den kriegerischen Auseinandersetzungen zwischen Frankreich, Italien und Österreich, vom Kampf auf der Brücke über der Schöllenschlucht und der im Jahr darauf ge-

glückten Überschreitung des großen St.-Bernhard-Passes durch General Berthier. Über den Aufstieg Napoleons zum Kaiser wurde geredet und in der Nähe hielten sich auch seine Soldaten und Offiziere auf, aber die kamen nicht bis Wilterswyl.

Einmal war der Seppi als Kind mit den Eltern und dem Bruder nach Grindelwald zu einer Taufe bei Verwandten hinaufgegangen, und den gleichen Weg ging er diese nun erneut besuchen. Damals war er schon neunzehn Jahre alt und man schrieb das Jahr 1805. Dort lernte er die hübsche Tochter eines Nachbarn, die Vreni, kennen; kaum ein Jahr jünger als er und so kokett, wie er noch kein Mädchen je gesehen hatte. Ihre Tracht war der Mode entsprechend: Sie trug eine weiße Bluse mit kurzen, aufgepluderten Ärmeln, der dunkelblaue Rock reichte nur bis zur Hälfte der Waden und darüber hing ein blaurot gestreiftes ›Fürtuch‹, wie man damals eine Schürze nannte. Zierliche Schuhe, ein breiter Hut mit Schleife anstatt der üblichen Haube und ein buntes Band um den Hals vollendeten die für diese Gegend seltene Garderobe, und der Seppi kam sich in seinen abgetragenen Lederhosen, die unterm Knie zusammengebunden waren, seinem groben Leinenhemd und der grauen Filzjacke recht einfach neben ihr vor. Das hinderte ihn allerdings nicht daran, dem feschen Mädel in munterer Art den Hof zu machen. Der Seppi war ein hübscher, braun gebrannter, blonder Bursche und hatte, Gewand hin oder her, nicht das Gefühl sich verstecken zu müssen. Die schöne Vreni hingegen tat recht schnippisch und er-

zählte immer aufs Neue, dass ihre Mutter aus Bern stamme, wie oft sie schon dort bei ihren Großeltern gewesen sei und wie schön und vornehm es dort zuginge.
In dieser Art hatte der Seppi wenig zu bieten und seine Erzählungen von den Schönheiten der Gegend und seinen gelegentlichen Jagderlebnissen mit dem Jäger aus der Nachbarschaft schienen die Spröde nicht zu beeindrucken. Sie zeigte aus dem Fenster und beklagte die unfreundlichen, grauen Gletscher, die faden Wiesenhänge und die abweisenden Felsen.
»Komm doch im Somm'r uf's Hirten- und Älplerfescht nach Interlappen«, sagte sie ihm vor dem Abschied. »Da kann'sch zeige', dass a Kerle in dir schteckt. Das isch toll, wie die Schwinger sich da zeiget.« Vreni schielte ein wenig nach oben, machte den Mund etwas auf und hielt die Hände wie zum Beten zusammen. Dann guckte sie den Seppi charmant und etwas herausfordernd an.
»Warum nit'«, meinte er. Er hatte schon von »Schwinget« gehört, dem heimischen Kleiderringen, wo die aufgekrempelten Hosen des Gegners gefasst werden und dieser angehoben schwingend zu Boden geworfen werden soll, aber er hatte so einen Kampf noch nie gesehen, geschweige denn diesen Sport je ausgeübt.
Also vereinbarten sie ein Treffen zu diesem gepriesenen Hirten- und Älplerfest vor der Burgruine Unspunnen nahe Interlappen, wie damals das heutige Interlaken noch hieß, und der Seppi bat seinen Vater um Erlaubnis, gehen zu dürfen, obwohl um diese Zeit auf dem Hof gerade so viel Arbeit anfiel. Der Vater war einverstanden und gönnte dem Jungen den Ausflug übers Wochenende.

Es war ein warmer, klarer Augusttag und nur vereinzelte Wolken stiegen über dem besonderen Anblick der Jungfrau empor, die hinter Hügeln hoch aufragte, als der Seppi auf dem Festplatz eintraf. Dort waren auf einer Seite prunkvolle Zelte errichtet. Überall hingen bunte Fahnen schlaff herab, weil sich kein Lüftchen regte. Gegenüber, unterhalb des Burghügels stand die Ehrentribüne mit Militärabteilungen und einer Musikkapelle, die eine rote Standarte mit einem schwarzen Berner Bären hochhielt. In der Nähe erkannte der Seppi seine gesuchte Vreni. Allerdings war sie nicht allein. Ein schmucker Offizier in französischer Uniform stand neben ihr. Fast schon hätte sich der junge Haslibauer abgewandt, aber er besann sich auf seinen gesunden Stolz und zudem gefiel ihm das Mädel, das sich für den Festtag wieder entzückend aufgeputzt hatte, nur zu gut.
Auch der Seppi war heute etwas feiner gekleidet und fühlte sich durchaus sicher. Also ging er trutzig auf die beiden zu, als wäre alles, wie es eben sein soll, und Vreni schien sich auch zu freuen, als sie ihn sah. Der Offizier nickte höflich, ohne ihm allerdings die Hand zu reichen. Als die Schwinger mit ihren Darbietungen begannen, forderte ihn das Mädchen auf, selbst mitzumachen und seine Kräfte zu zeigen. Aber der Seppi meinte, ihm fehle dazu jede Übung sowie auch das nötige Gewicht und er wolle sich nicht einfach so von einem dieser Routiniers umwerfen lassen. Vreni bedauerte das und fragte ihn, womit er denn gedenke, ihr seinen Mut zu beweisen. Der Offizier lächelte hochnäsig und der Seppi dachte nach.

Schiller hatte damals sein Gedicht *Der Handschuh* noch nicht geschrieben. Und wenn, dann kannte es der Seppi nicht, sonst wäre ihm vielleicht ein Licht aufgegangen. So aber überlegte er tatsächlich, was er tun könne, um seiner Angebeteten einen Gefallen zu tun.
Dennoch hätte er ihrem Begleiter am liebsten eine heruntergehauen. Aber so etwas war nun mal nicht seine Art und außerdem war ihm klar, dass dies weniger Mut als vielmehr Tollkühnheit mit üblen Folgen bedeutet hätte.
Da fiel der Vreni plötzlich ein, er könne ihr doch als ein echter Älpler ein paar Edelweiß pflücken. Noch nie habe ihr jemand Edelweiß geschenkt, obwohl dies ihre Lieblingsblume sei und sie zeigte auf ihr Schultertuch, dessen Rand mit diesen Sternen bestickt war. Der Seppi ahnte, wo er in dieser Gegend welche finden konnte und eine zweite Ablehnung der Wünsche seiner Angebeteten kam ihm wenig mannhaft vor. Außerdem schien dabei ein neues Treffen mit Vreni herauszuspringen, also sagte er zu, sich gleich am nächsten Morgen aufzumachen und die Blumen für sie zu pflücken.
Kurz darauf, der Franzose hatte sich schon salutierend verabschiedet, holten die Eltern ihre Tochter auf dem Festplatz ab und sie erzählte ihnen sofort mit stolzer Miene, dass der Seppi anderntags für sie eine Tour unternähme, um ihr Edelweiß zu holen. Er wurde vergnügt eingeladen, ihr die Blumen, so er welche fände, in das nahe Matten zu bringen, wo ihre Eltern das Wochenende verbrachten.
Die Angelegenheit konnte gar nicht besser laufen, so dachte er, und wollte gleich früh morgens von seinem

Heuschober, in dem er übernachtete, aufbrechen, um an den nahe gelegenen Berghängen zu suchen. Das Wetter hatte sich zwar verschlechtert und es regnete sogar zuweilen. Aber das tat seinem Vorhaben keinen Abbruch und nach wenigen Stunden erreichte er die angestrebte Gegend, die ihm nicht unvertraut war.
Ausgetretene Pfade gab es damals nur solche, die von einem Ort zum anderen führten, nicht jedoch in unwirtliche Höhen oder gar schroffe Regionen, in denen das Edelweiß noch wuchs. Denn in naher Umgebung der Wege war es längst von Einheimischen gepflückt und auf den Hut gesteckt oder in kleinen Zierarbeiten verwendet worden.
Der Seppi stieg also, stets seinem Gefühl folgend, über immer steilere Wiesen und zwischen Latschen den Berg hinauf, wo es immer felsiger wurde und die Fernsicht schon reizvoll hätte werden können, wenn nicht die tief hängenden Wolken den Blick behindert hätten. Behände überwand er nasse Blöcke, die nicht umgehbar waren und immer häufiger sah er sich um: Flechten, Alpenazaleen, manchmal eine Primel oder Felsenaurikel und geschlossene Enzianblüten, aber nirgends das gesuchte Edelweiß.
Die Sonne kam plötzlich heraus und er blickte nach oben. War da nicht über der nächsten Kante mitten im grauen Stein ein helles Büschel? Er tastete sich näher heran und querte dafür ein schmales Geröllfeld, um an einen möglichen Aufstieg zu gelangen. Einige Male musste er stehen bleiben und sich orientieren, um nicht an noch feuchten Steinen abzurutschen. Doch dann

stand er direkt unter dem Platz, an dem er die Blume vermutete.
Ferner Donner ließ ihn ahnen, dass das Wetter sich erneut verschlechtern würde, aber noch fielen wechselnd Strahlen auf sein Umfeld. Er kroch die letzte Hürde angestrengt hinauf, hielt sich mit beiden Händen an kleinen Felsvorsprüngen und kniete schließlich vor seinem Edelweiß. Fast alle Blüten waren zerzaust oder schon verblüht, aber ein Stern war der schönste, den er je gesehen hatte. Vorsichtig stemmte er stützend einen Fuß zur Seite, um eine Hand frei zu bekommen. Behutsam brach er den Stengel und barg die Blume unter dem Hemd an seiner Brust. Langsam löste er sich wieder und fand zu festerem Halt zurück. Er ertastete jeden folgenden Tritt, bevor er ihn nutzte. Einmal glitt er ein wenig ab, da ein Stein unter seinen Füßen nachgab und polternd nach unten sprang – ein kurzer Schreck, dann war sein Gleichgewicht wiederhergestellt. So erreichte er unversehrt wieder die Latschenhänge und glaubte sich endlich in Sicherheit. Vor seinem Auge stand die kleine Vreni, die sich freute, ihn wieder zu sehen.
In seinem Wachtraum hatte er nicht bemerkt, dass nahe vor ihm ein kleiner Trupp Soldaten stand, die französische Uniformen trugen. Der Wachmann sprach ihn etwas barsch in einer Sprache an, die der Seppi nicht verstand. Ein anderer übersetzte halblaut: »Du mitkommen!«
Der Seppi schüttelte den Kopf: »Ich nach Hause, heim«, sagte er freundlich, obschon ihm nicht geheuer war. Aber der schnauzbärtige Unteroffizier ließ sich nicht beein-

drucken. Er schnippte kurz mit dem Finger, zwei Untergebene sprangen vor und banden dem Seppi die Hände auf den Rücken. Er wollte zu schreien beginnen, aber sofort bekam er einen harten Stoß in die Rippen und trotz seines Schmerzes dachte er, dass es wohl besser sei, nicht zu schreien und abzuwarten, was geschehen würde. Schließlich ist die Schweiz ein freies Land und nicht im Krieg mit Frankreich. Es musste wohl ein Irrtum sein, dass man ihn einfach festnahm und alles würde sich aufklären.

Nach einer halben Stunde Marsch im einsetzenden Gewitterregen erreichten sie eine kleine Straße, an der mehrere Reitpferde und eine einfache Kutsche mit Gespann standen. Man setzte ihn zwischen zwei Soldaten auf die Bank des Gefährts und ab ging's im Trab.

Es war schon dunkel, als sie das damalige Tättlingen, am südlichen Ufer des Thuner Sees, erreichten, wo eine kleine französische Abteilung ein altes Pfarrhaus besetzt hielt. Der Seppi wurde in einen Raum gebracht, in dem ein Offizier an einem Tisch saß, auf dem eine Öllampe stand, und las. Nach einer Weile sah er auf und der Seppi erkannte den Offizier vom Festplatz am vorigen Tag.

Jetzt, so dachte er, würde sich der Irrtum schnell klären lassen, denn der wusste ja wohl, wer er war und dass nichts gegen ihn vorliegen konnte.

Der Franzose erhob sich, machte erstaunte Augen und gab den Befehl, den Gebundenen freizumachen und bot ihm einen Stuhl an. In gutem Deutsch fragte er nach einigen kurzen Höflichkeiten, ob der Seppi denn nicht als Freiwilliger ins siegreiche französische Heer eintreten wolle? Dort

sei man gut versorgt, werde ordentlich bezahlt und zudem würden ihn dort Ruhm und Ehre erwarten. Der Kaiser habe ein Auge auch auf den kleinsten Mann und wer weiß? Vielleicht könne er gar zum Offizier aufsteigen. Was für eine Zukunft für einen armen Bergbauernsohn, noch dazu für den Zweitgeborenen, dem ja, wie er ja wisse, nichts ins Haus stünde als lohnlose Mühen. Seine Familie würde selbstverständlich sofort verständigt und man würde ihr auch Geld zukommen lassen.
Dem armen Seppi wurde langsam klar, dass es in seiner jetzigen Lage wohl vernünftiger sein möge, auf das Angebot einzugehen, um der bösen Sache sobald wie möglich wieder entwischen zu können, als erneut den beiden Türstehern übergeben zu werden. So willigte er scheinbar ein.
›Monsieur le capitaine‹, wie er sein Gegenüber nun anzusprechen hatte, erhob sich, gab ihm erstmals die Hand und grüßte militärisch, dann entnahm er der Tischschublade ein vorgefertigtes Dokument, das er dem Seppi zur Unterzeichnung vorlegte. Noch nie hatte dieser irgendetwas unterschrieben, obschon ihm der Vater seinen Namen und noch ein paar andere Wörter zu schreiben gelehrt hatte. Das Papier war zudem in Französisch verfasst und so konnte er nicht ein Wort darin lesen oder gar verstehen. Er war müde und ausgelaugt, hatte Hunger und vor allem Durst. In hoffnungsvollem Gottvertrauen nahm er die dargereichte Feder und schrieb kurz »Seppi« an die Stelle, auf welche der Offizier deutete. Der nahm den Schrieb, steckte ihn zurück und grüßte erneut mit der Hand an die Stirn, wobei er den

neuen Soldaten durch Zeichen aufforderte, das Gleiche zu tun. Jetzt bekam der Seppi zu Essen und zu Trinken und wurde danach in das obere Stockwerk zu einem einfachen Schlafraum geleitet, in dem bereits zwei andere Männer schliefen.

Am nächsten Morgen ging es in einer geschlossenen Kalesche mit milchigen Scheiben weiter, in der auch die beiden Schläfer der vergangenen Nacht saßen nebst vier Grenadieren. So ging es über Tage dahin, wobei die Garnisonen immer zahlreicher und die Unterkünfte immer größer wurden.
Die Empfindungen des guten Seppi wurden immer düsterer, obschon seine neuen Kameraden und die Soldaten sich heiter und aufmunternd zeigten. Die Verpflegung war gut und die Behandlung korrekt, aber an ein Weglaufen war angesichts der Bewachung nicht zu denken. Immer wieder fühlte er mit der Hand unter sein Hemd und berührte sein Edelweiß.
An der Grenze nach Baden kam es zu einem längeren Aufenthalt, wo sich noch mehrere Kutschen anschlossen. Dann ging es weiter bis Kehl, wo sie den Rhein nach Straßburg überquerten.
Südlich der Stadt lag in der Nähe eines unscheinbaren Flüsschens der Übungsplatz »le retranchement«, zu Deutsch »die Verschanzung«, kurz »die Schanz'« genannt. Dort war die Reise zu Ende und alle bisherigen Zivilisten erhielten französische Uniformen. Der Seppi achtete darauf, dass er sein Edelweiß behalten konnte und niemand hinderte ihn daran. So trug er es auch wei-

terhin im Hemd auf seiner Brust, achtsam in ein gefaltetes Papier gehüllt.
Er sah sich um. Noch nie hatte er so flaches Land gesehen. Kaum ein Hügel war auszumachen. Nur im Südwesten, etwas zur Linken, wohin sich abends die Sonne senkte, konnte er deutlich Berge erkennen.
War er von da gekommen?
Waren sie im Kreise gefahren?
Er hatte keine Ahnung von Geografie und woher sollte er wissen, dass es die Vogesen waren und nicht seine heimischen Alpen.
Die täglichen Übungen auf der Schanz waren ermüdend, der Drill ungewohnt, die Sprache fremd und das Heimweh brannte in ihm. »Ein Gesunder steht's durch, ich bin ja noch jung«, dachte er und gab die Hoffnung nicht auf.
Eines späten Nachmittags im Freien, in der Luft spürte man schon die erste Kühle des Herbstes, traute er seinen Ohren nicht. Von den Bergen her, nach denen er immer wieder Ausschau hielt, kam ein ihm so vertrauter Ton. »Ach«, dachte er, »der Jenni, der Hirt, er bläst sein Alphorn«. Er schloss die Augen und unter seinen Lidern traten das erste Mal Tränen hervor.
»Was immer auch passieren mag, ich muss es versuchen, nur das kleine Flüsschen durchschwimmen, ein Stückchen rennen und ein paar Stunden ordentlich laufen, dann kann ich meine Berge erreichen«, überlegte er.
Noch einmal hörte er den anhaltenden Ton, der ihm die Kindheit wiedergab, ihm die Mutter vor Augen führte, den Blick aus der Stube seines Vaterhauses, und sein Entschluss stand fest.

Während der abendlichen Freistunde, es dämmerte schon, schlich er langsam an den Büschen vorbei zum Flüsschen hinüber und ohne Zögern sprang er hinein. Er war kein geübter Schwimmer. Selbst die geringe Strömung trug ihn ein Stück mit sich fort, und so kam er in das Gesichtsfeld der Wachstube. Rufe ertönten und im Nu rannte eine Hand voll Grenadiere auf ihn zu. Nicht ohne Mühen fischten sie ihn aus der Strömung des Wassers und zerrten ihn ans Ufer, wobei sie andauernd schrieen: »Un déserteur, un déserteur!«
Noch am Abend brachten sie ihn gebunden nach Straßburg zum Hause des Hauptmanns. Es war nicht der gleiche wie damals in der Schweiz. Er sprach ganz ruhig auf Französisch und der Seppi hörte nur immer wieder das Wort: exemple.
Für den nächsten Morgen um zehn Uhr sollte er sich vorbereiten, vor dem ganzen Regiment sein ›Pardon‹ zu erklären. Das Weitere werde er dann schon sehen. Er durfte einem deutschen Kameraden noch einen längeren Brief an seine Mutter diktieren.

Am Mittag wurde der Seppi dann standrechtlich erschossen.

Als man seinen Tod feststellte, wurde das Edelweiß an seiner Brust gefunden und dem Brief in seine Heimat beigefügt. Diesem wurde das ganze Geschehen entnommen, der auch zum Liede führte:
»... Das Alphorn hat mir solches angetan;
Das klag' ich an.«

Berg du hast den Hans gestohlen

Auf einer Bergtour lernte ich damals Christina Hofstetter kennen. Sie befand sich in Begleitung einer Gruppe von Studienkolleginnen auf einem Wochenendausflug. So ein Mädchen hatte ich lange nicht gesehen. Sie trug ein einfaches Dirndl mit Schürze und hatte die blonden, leicht gelockten Haare mit einem Kopftuch nach hinten gebunden. Ihre Haut glänzte vom Schweiß wegen der noch starken mittäglichen Oktobersonne und aus dem fein geschnittenen Gesicht strahlten lebensfrohe blaue Augen, die ein natürliches Wesen voll Offenheit ausdrückten. Einen Strauß Lichtnelken in der Hand stieg sie den anderen voraus und ich wurde bei ihrem Anblick an Gemälde der Romantik erinnert, auf denen die Mädchen mit Ziegen oder Schafherden über Bergweiden ziehen.
Gegen Abend traf ich die kleine Gesellschaft auf einer Hütte wieder. Das Wetter hatte sich eingetrübt und es regnete leicht, weshalb man drinnen in der Stube saß und Brotzeit machte. Die Mädchen hatten beschlossen, im Matratzenlager des oberen Stockwerkes zu übernachten und am nächsten Tag in der Hoffnung auf besseres Wetter, welches der Wirt überzeugt vorhersagte, weiterzugehen.

Schon seit meiner Jugendzeit hasste ich solche Lager, wie man sie früher auf vielen Hütten vorfand, und wollte trotz des unschönen Wetters schon wieder weiterziehen, als der Wirt mir eine kleine Kammer anbot. So beschloss ich zu bleiben und mich der Gesellschaft ein wenig anzuschließen.
Ich kam mit Christina ins Gespräch. Sie war zweiundzwanzig Jahre alt, lernte Heilgymnastik und träumte von einem eigenen Studio. Sie erzählte von ihrem Vater, der Professor für Biologie war und sich eigentlich gewünscht hatte, seine Tochter möge Musik studieren, weshalb sie schon als Kind Klavierunterricht erhalten hatte. Christina schwärmte vor allem für Schubert, meinte aber, ihr Talent reiche nicht aus, um Pianistin zu werden. Deshalb hatte sie einen Beruf gewählt, der ihrem Wunsch entgegenkam anderen Menschen zu helfen.
Als sie mit den kleinen Kindern der Wirtsleute spielte, dachte ich an Charlotte in Werthers Leiden und war entzückt von der Lauterkeit ihres Wesens.
Christina war kein Mädchen, mit dem man, besonders als wesentlich Älterer, einen kurzen Flirt hätte anbahnen wollen. Bei all ihrer prickelnden Lustigkeit und ihren schelmischen Bemerkungen legte sie es auch nicht im Geringsten darauf an – selbst nicht zur Bestätigung ihrer Eitelkeit. Sie erschien mir wie eine jüngere Schwester, ja fast wie eine Tochter, für die man ein Verantwortungsgefühl entwickelt, anstatt dem flüchtigen Reiz eines Abenteuers zu verfallen.
Als ich sie fragte, ob sie mir vielleicht einmal schreiben wolle, ging sie freudig darauf ein und meinte, dass es

schade sei, wie wenige Briefe heutzutage noch geschrieben würden und wie wichtig dies doch eigentlich für die Beziehung zwischen Menschen sei. Vor dem Schlafengehen sangen die Mädchen noch mehrstimmig bekannte Volkslieder und wiederholten das am besten einstudierte *Fuchs du hast die Gans gestohlen, gib sie wieder her!*

Am nächsten Morgen hatte sich das Wetter tatsächlich gebessert. Ich brach schon früh auf und konnte Christina nicht antreffen. Nach meiner Rückkehr bezweifelte ich, ob sie mir schreiben würde.

Kaum drei Wochen später erhielt ich ihren ersten Brief.

> Lieber Max,
> sicher haben Sie nicht so ganz daran geglaubt, dass ich Ihnen wirklich schreibe. Meine Kameradinnen hielten Sie für ein wenig arrogant und ich musste Sie – aus Überzeugung natürlich – bei ihnen verteidigen.
> Gestern habe ich mir den von Ihnen empfohlenen schwedischen Film *Sie tanzte nur einen Sommer* angesehen, um den in den fünfziger Jahren so viel Wirbel gemacht wurde wegen der harmlosen Nacktszene im Gegenlicht eines Badesees. Sie haben von diesem Mädchen Kerstin so schwärmerisch erzählt und dass Sie früher geglaubt hatten, in diese Schauspielerin verliebt zu sein und Sie sogar nach Schweden reisen wollten, nur um sie kennen zu lernen. Sie meinten auch, Ihnen wäre später, als Sie die Schauspielerin in einem anderen Film sahen, bewusst geworden, dass Sie nicht

für sie, sondern für ihre Rolle schwärmten. Ich kann das nun gut verstehen und das tragische Ende hat mich tief berührt. Es ist dramatisch, seine junge Liebe in eben voll erwachter Leidenschaft zu verlieren und dafür noch Schuldgefühle empfinden zu müssen.
Heute habe ich die *Winterreise* gehört. Sie hat mich melancholisch gestimmt hat, aber auch gleichzeitig die Hoffnung auf baldigen Schnee und Schifahren in mir erweckt hat – verstehen Sie mich?

Wie wäre es, wenn wir einmal zusammen eine Schitour machen würden. Aber sicher haben Sie keine Zeit für so ein Unternehmen mit einer kleinen Schneegans und gehen lieber mit Männern in den Wintersport. Ich kann Ihnen jedoch versichern, dass ich recht ordentlich fahre.
Übrigens: Ich habe einen Verehrer, der sich ehrlich um mich zu bemühen scheint, aber er ist nicht der Richtige und so lasse ich mich auch nicht näher auf ihn ein. Mein »Traummann« wird schon noch kommen.
Mit herzlichen Grüßen
Ihre Christina

Ihre Idee mit der gemeinsamen Winterunternehmung gefiel mir gut und ich schrieb ihr, dass wir einen solchen Ausflug nach der Weihnachtszeit näher planen sollten.

Da fiel mir der Neffe meines Schulfreundes Bernd ein, Hans Lauterbach. Er war ein gut aussehender, sportlicher junger Mann mit damals etwa sechsundzwanzig

Jahren. Er studierte Medizin in München und ich sah in öfter gemeinsam mit seinem Onkel, der ihn liebte und sich um ihn kümmerte. So gingen wir auch einige Male zusammen Schifahren, wobei wir kleine Rennen veranstalteten. Hans war stets mit den neuesten Techniken vertraut, die laufend wechselten, und ich hatte Mühe, mich immer darauf umzustellen.
Hans spielte vorzüglich Geige und so lud ich ihn auch von Zeit zu Zeit zu mir aufs Land ein, damit er an den von uns veranstalteten kleinen Musikabenden teilnehmen konnte. Sein humorvolles Wesen und sein offener Charakter gefiel allgemein und so nahm ihm niemand seine jugendliche Eigenwilligkeit übel, mit der er in Diskussionen vehement seinen eigenen Standpunkt verteidigte.
Wie gut würde doch Christina zu diesem viel versprechenden jungen Mann passen. Natürlich schwieg ich allseits darüber, da man mit solchen Ankündigungen schon jede positive Bereitschaft verderben kann.

Es ergab sich schließlich eine günstige Gelegenheit, um gemeinsam zum Faschingstreiben an den Spitzingsee zu fahren. Schon als Heranwachsender war ich oft dorthin gepilgert, als man noch im tiefer gelegenen Schliersee vor Sonnenaufgang aus dem Zug stieg, um mit geschulterten Schiern durchs Josephstal hochzusteigen, um endlich gegen Mittag in der alten Wurzhütte das heiß ersehnte ›Schiwasser‹ zu trinken, das durch einige Tropfen Himbeersaft rosa aussah. Inzwischen waren dort überall längst Lifte installiert, aber die traditionellen

Lustbarkeiten am Faschingssonntag haben sich erhalten. Die leichten Abfahrten dort schienen mir auch geeignet, da ich nicht wusste, wie gut Christina wirklich fuhr. Ich nahm also Hans mit und wir trafen Christina am Lift zum Stümpfling. Sie war alleine gekommen, da ihre Freundin erkrankt war, und schien daher auch ein wenig verlegen, als wir plötzlich zu zweit vor ihr standen. Mit Hans hatte sie nicht gerechnet und so schoss ihr das Blut sichtbar ins Gesicht, als ich die beiden einander vorstellte. Als sie auf der Doppelbank des Liftes neben mir Platz nahm, war ich erneut von ihrem Charme entzückt.
Christina fuhr ausgezeichnet, auch wenn wir wegen der vielen anderen Schifahrer auf der Piste, die johlend in Kostümen herabstürmten, alle drei ziemlich aufpassen mussten und nur langsam fahren konnten. Anfangs blieb sie betont in meiner Nähe, dennoch entging mir nicht, dass sie immer wieder nach Hans Ausschau hielt. Auch er schien zunächst keine Notiz von ihr zu nehmen, aber schon beim nächsten Anstehen am Lift begann er eifrig mit ihr zu plaudern.
Abends in der Hütte, wo wir wegen der vielen Besucher eng zusammenrücken mussten, hatten die beiden schon eine engagierte Diskussion, was ich mit Genugtuung sah. Sie passten wirklich gut zueinander und auch die Wirtin, die ich gut kannte, zeigte mir in ihrem dicken Gesicht wohlwollende Anerkennung und wies mit zufriedenen Blicken auf die beiden hin.
Auf der Heimfahrt war Hans ziemlich schweigsam.

Erst im Mai erhielt ich einen weiteren Brief von Christina:

Lieber Max,
es ist recht undankbar von mir, so lange nichts von mir hören zu lassen. Immer wieder nahm ich einen Anlauf, aber stets war ein solches Hin und Her in mir, dass ich wenigstens auf ein wenig Ausgeglichenheit warten wollte, bevor ich etwas Klares schreiben konnte.
Jetzt kann ich es.
Hans und ich haben uns verlobt! Nach einigen Wechselbädern der Gefühle, vielmehr unserer gegenseitigen Verhaltensweisen, denn die Gefühle waren nie geschwunden, hat er endlich gesagt, was ich so gerne hören wollte und Anfang Dezember werden wir heiraten. Ich bin überglücklich! Er ist der Traummann, den ich mir ersehnt hatte. Alles ist so wunderschön, so leicht und einfach, wenn ich mit ihm bin.
Was für eine himmlische Fügung, dass wir uns begegnet sind und Sie mich dann mit ihm zusammenbrachten. Erzählen Sie mir ja nicht, dass Sie Letzteres nicht beabsichtigt hatten! Hans und ich haben uns nach unserem ersten Schitag mit Ihnen immer öfter gesehen, viel geschrieben und gut kennen gelernt. Was für ein prachtvoller Mensch er doch ist.
Die nächsten Monate verbringen wir mit den Hochzeitsvorbereitungen und ich werde mein Leben ganz auf ihn einstellen.
Sie müssen unbedingt auf unsere Hochzeit kommen. Bitte sagen Sie zu! Ich wünsche mir das sehr! Kein Ge-

schenk, nur kommen. Einzelheiten erfahren Sie noch.
In herzlicher Dankbarkeit
Ihre Christina

Ich war nicht wirklich überrascht über diese Entwicklung, aber ein gewisses angenehmes Erstaunen kam doch über mich, so wie ein längst bekanntes Theaterstück einen aufs Neue mit Spannung erfüllen kann. Ich gratulierte ihr und auch Hans, ließ aber mein Kommen zur Hochzeit offen, da ich mich um eigene familiäre Angelegenheiten kümmern musste. Trotz meines Wunsches musste ich schließlich doch absagen und es bei einer blumenreichen Gratulation belassen.

Kurz vor Weihnachten erhielt ich ein Telegramm meines Schulfreundes Bernd aus St. Moritz:

Max – bitte komm – ein Unglück – Hans ist vermisst,
Christina im Koma – Bernd
Palace Hotel

Der Schreck saß tief. Am nächsten Morgen fuhr ich mit der Bahn nach St. Moritz, da der Pass wegen Schneefalls gesperrt war. Bernd holte mich vom Bahnhof ab. Er sah übernächtig und fahl aus. Wir umarmten uns kurz.
In der Bar des Hotels tranken wir Wein und Bernd erzählte:
»Am vierten Dezember haben die beiden geheiratet. Es war eine wunderbare Hochzeit – leider warst du nicht da …« Er hielt inne, da ihm bewusst wurde, wie unpas-

send dieser Hinweis war. »Das Paar wählte das Ziel der Hochzeitsreise aus, zu welcher ihre Eltern und ich einluden. Alles Mögliche war im Gespräch, aber Christina wollte am liebsten zum Schifahren, weil sie sich doch dabei kennen gelernt hatten. Schließlich einigten wir uns auf zehn Tage St. Moritz.
Wie ich inzwischen in Erfahrung gebracht habe, verlief die erste Zeit sehr glücklich. Pontresina, Corvatsch, Diavolezza, täglich erzählten die beiden den Gästen von ihren Abfahrten. Dann gab es große Schneefälle und Christina hatte danach die Idee, den Morteratschgletscher im unberührten Tiefschnee abzufahren. Du kennst das ja. Man fliegt von Samaden aus mit einem kleinen Flieger hoch, landet unterhalb des Piz Palü oben auf dem Gletscher, und bei frischem Neuschnee beginnt ein großes Vergnügen.« Bernd hielt erneut inne und dachte nach.
»Ich habe mit dem Piloten gesprochen. Das Wetter muss herrlich gewesen sein. Sie sind erst um etwa zehn Uhr oben gelandet. Ein bisschen spät wegen der Sonneneinstrahlung, habe er gemeint, aber nicht ungewöhnlich. Sehr viel Schnee habe es gegeben und niemand sei vor ihnen oben gewesen. Das Mädchen habe sich riesig auf den unberührten, glitzernden Schnee gefreut. Beide seien ein gutes Stück weit unterwegs gewesen, als er zum Rückflug startete.
Man fährt ja dann über eine Steilstufe zum unteren Teil des Gletschers und … da ist es halt passiert.«
Bernd hielt sich die Hände vors Gesicht. Er war erschüttert.
»Seit vielen Jahren hat es dort kein ernstes Unglück mehr

gegeben«, fuhr er schließlich fort. »Eine Wächte war wohl abgebrochen und hat eine Lawine ausgelöst, als die Kinder unterhalb des Hanges querten, so mutmaßen jedenfalls die Leute von der Bergwacht. Christina ist schwer gestürzt, die Lawine hat sie jedoch nicht voll erfasst, man hat sie mit dem Hubschrauber ins Krankenhaus gebracht, aber Hans …«
Bernd blickte nur stumm vor sich hin und sagte erst nach Minuten leise: »Hans konnte nicht gefunden werden. Schneemassen hatten ihn in den Gletscher gedrückt. Tagelang hat man mit vielen Leuten und Hunden gesucht. Es begann ja wieder zu schneien, was die Bemühungen natürlich sehr erschwerte … nichts. Es besteht keine Hoffnung mehr.«

Wir saßen wortlos und ich hatte Mühe, meine Tränen zu verbergen. Eine Frau kam auf uns zu. Christinas Mutter. Sie reichte mir schweigend die Hand. Mit verweinten Augen sah sie uns an, hob nur kurz die Brauen und wiegte leicht den Kopf. Keine Änderung. Christina lag noch im Koma.
Tags darauf war gutes Wetter. Kaum Sonne, aber klare Sicht. Bernd und ich überflogen mit einem Hubschrauber die Unglücksstelle am Gletscher. Er lag da, als wäre nichts geschehen. Die vielen Spuren der Suche waren durch die erneuten Schneefälle völlig verdeckt. Der Pilot, der bei der Suche mitgeholfen hatte, beschrieb uns nochmals, wie sich das Unglück vermutlich abgespielt hatte und zeigte auf die Stelle, an der Christina gefunden worden war. Niemand hatte den Ablauf selbst gesehen,

aber die Lawine war von einem Flugzeug aus bemerkt und daraufhin sofort die Bergwacht verständigt worden. Als wir abends in der Klinik eintrafen, fanden wir Christinas Mutter wie ausgewechselt, denn das Mädchen war zu sich gekommen, hatte sogar gelächelt und nach Hans gefragt. Man hatte ihr nichts erzählt, sie beruhigt und ein Schlafmittel verabreicht. »Sie kommt durch«, verkündete uns der Arzt und mit einem Wink fügte er etwas besorgt hinzu »Warten Sie noch.« Es war mir klar, was er damit meinte.

Ich beschloss, entgegen meinem ursprünglichen Vorhaben noch zu bleiben – in der Hoffnung, vielleicht Christina sehen zu können. Am Nachmittag wurde ich benachrichtigt, dass sie nach mir gefragt hatte und mich zu sprechen wünsche. Der Arzt zeigte sich einverstanden, wenn das Gespräch kurz sei. Außerdem sagte noch: »Sie weiß es. Es war nicht zu verheimlichen. Es war ihr ohnehin bewusst.«

Als ich zu ihr trat, betrachtete sie die Zimmerdecke und zitierte: *»O Mensch! Gib Acht! Was spricht die Mitternacht …«* Dann sah sie mich aus tieftraurigen Augen an und schwieg, bis ich ging. Diese Worte hat Friedrich Nietzsche in seinem *Zarathustra* geschrieben. Er verfasste das Werk in Sils-Maria, auf der Halbinsel Chastè im Silser See. Dort wurden sie in eine Felsplatte gemeißelt und das Brautpaar hatte einige Tage vor dem Unglück diesen nahe gelegenen Ort aufgesucht.

Christina wurde körperlich völlig gesund, aber ihre Seele hat sich nie wieder erholt. Man nennt diese Krankheit manisch-melancholisch oder manisch-depressiv. Sie klagte nicht und manchmal schien sie sogar von kindlicher Heiterkeit. Manchmal konnte man auch ganz vernünftig mit ihr sprechen, aber eine tiefe Schwermut wartete stets im Hintergrund ihres Gemüts. Und so war sie weder im Stande, einer geregelten Arbeit nachzugehen, noch wirklich selbstständig zu handeln. Auch nach vielen Jahren hatte sich ihr liebliches Aussehen kaum verändert, nur ein trauriger Zug lag in der Mitte ihrer Stirn, der ihren Charme fast noch erhöhte.

Bernd hat ihr einen Wunsch erfüllt, von dem sie sich nicht hatte abbringen lassen. Auf dem Hang des Morteratschgletschers war seitlich am Felsen eine Tafel angebracht worden, auf der gemeißelt steht: *»Berg du hast den Hans gestohlen, gib ihn wieder her!«*
Aber der Berg ließ sich nicht erweichen. Bis heute hat er den jungen Mann nicht wieder freigegeben. Wie eine Pyramide ragt der Piz Palü über seinem unbekannten Grab empor.

Reportage

Die Medien sind aus unserem Dasein nicht mehr wegzudenken. Informationen in Wort und Bild begleiten uns überall, sie prägen unsere Meinung, unser Handeln und unsere gesamten Lebensumstände viel mehr als zu allen geschichtlichen Epochen, die wir überblicken können.

Die alten Römer verfügten vor zweitausend Jahren über eine uns in vielen Bereichen nicht unähnliche Zivilisation, funktionale Werkzeuge, großartige Bauten, beeindruckende Wasserversorgungen, moderne Fußbodenheizung, eine glänzende Infrastruktur, die es erlaubte, Güter und Waren aus allen Bereichen zu besorgen. Sie besaßen Schulen und hatten einen beachtenswerten Bildungsstand in ihrer Stadt.

Aber Zeitungen, eine Presse, allgemein zugängliche Informationsquellen des Tagesgeschehens besaßen sie nicht. Der Austausch jeglicher Kenntnis und jeden Hinweises ging nur von Hand zu Hand und der schnellste Botschafter kam zu Pferde. Es gab Bibliotheken, in welchen das Wissen und auch die Dichtkunst von Generationen gespeichert waren, aber die Neuigkeiten von gestern und heute erreichten die Menschen immer erst nach

Überwindung der Strecke vom Ort des Geschehens zu ihnen. Bis Kaiser Augustus von der Schlacht im Teutoburger Wald erfuhr und darüber klagen konnte, vergingen schätzungsweise zwei Wochen.
Tschingis Khan errichtete in seinem Riesenreich ein Netzsystem von Reiterboten, in dem trainierte Pferde auf einer kurzen Distanz von einem Punkt zum nächsten galoppierten. Dort stand das jeweils frische Ross zur Weiterleitung bereit und der bandagierte Bote, der reitend auch schlafen konnte, brauchte nur umzuspringen. Schneller ging es nicht.
Bei Naturvölkern waren weithin sichtbare Rauchzeichen bekannt, die einzelne codierte Nachrichten übermitteln konnten – wenn das Wetter mitspielte.
Nach der Schlacht von Waterloo wurde die Niederlage Napoleons mit durch Spiegel erzeugten Lichtsignalen von Anhöhe zu Anhöhe an Rothschild übermittelt, der mit diesem Frühwissen durch entsprechende Finanzdisposition an der Londoner Börse sein Vermögen enorm vergrößern konnte.
Wer eben zuerst etwas weiß, hat einen entscheidenden Vorsprung und kann damit seinen Erfolg mehren.

Die heutige Informationsflut und die Masse weltweit konkurrierender Presseblätter lässt inzwischen auch weniger bedeutende Ereignisse zu Schlagzeilen aufsteigen, weil der Durst nach jeder Neuigkeit enorm ist. Deshalb ist auch der Wunsch, ja nicht selten die Gier nach aktuellem Geschehen bei jenen, welche dies der Presse zutragen können, entsprechend groß.

Journalisten und Reporter liegen Tag und Nacht wie Jäger auf der Lauer, um als Erste ein seltenes Wild zu sichten und zu erlegen. Wer es vermag, ein reizvolles Ereignis dann noch gut aufzubereiten und gar exklusiv zu berichten, macht womöglich einen Karriereschub.

Der Chef eines Abendblattes betrat früh morgens das Büro einer noch jungen Journalistin seines Verlages und blickte auf eine Mitteilung in seiner Hand.
»Frau Manhard«, sagte er halblaut, ohne aufzusehen, »Sie sind doch sportlich und mit den Bergen vertraut. Ich habe da eine Mitteilung von einer Sache, in der wir Sie vielleicht einsetzen könnten. Hinze ist in Urlaub, der wäre eigentlich zuständig, aber Sie können da auch hinfahren und berichten. Wenns was für die erste Seite wird, jetzt, mitten im Sommerloch, kriegen Sie eine Gehaltserhöhung.« Er sah sie über die Brille hinweg kurz an.
Jutta Manhard hatte schon lange auf einen solchen Augenblick gewartet. Seit über zwei Jahren war sie mit langweiligen Modefragen beschäftigt, kleinen Klatschkolumnen an der Hotelbar mit schwulen Designern und aufgetakelten Models, die nur über sich selbst sprachen.
Hinze hatte sein Büro oben in der Chefetage, war der Mann für größere Sportsachen und fürs Gebirge. Stürzte ein Schifahrer böse oder brach sich ein Kletterer die Knochen: Hinze versprach immer Schlagzeilen. Und jetzt war er in Urlaub und der Chef hatte an Jutta Manhard gedacht, die harmlose Regenbogenmaus – und das nur, weil sie so clever gewesen war und ihm bei der letz-

ten Belegschaftsfeier von ihren Bergtouren erzählt hatte. Ihr Herz ging auf.

»Oh, vielen Dank, ich mach das gern.« Sie ging ihm entgegen und nahm den Zettel. Keck sah sie ihn an und fragte: »Und was bekomm ich, wenn es zwei oder drei erste Seiten werden?«

»Dann hol ich Sie zu mir herauf und Sie bekommen das Büro neben Hinze«, sagte er mit ironischem Lächeln.

»Geben Sie mir Lederhose mit?«, fragte sie mit künstlich aufgerissenen Augen. Lederhose war Hinzes Fotograf und rechte Hand. Keiner im Betrieb wusste, ob er wirklich so hieß oder nur so genannt wurde.

»Meinetwegen«, sagte der Chef mit einem Handschlenker. »Sagen Sie ihm Bescheid und schicken Sie ihn zu mir. Machen Sie Dampf!« Ohne die Tür zu schließen, ging er eilig zum Fahrstuhl.

Jutta war ein sportlich schlanker Typ, ja sogar etwas drahtig, wie man sagen würde, hatte kurze, braune Haare und war immer braun gebrannt. Sie hatte Schick, aber ihr fehlte die wirkliche Eleganz. Etwa dreißig Jahre alt, hoffte die Alleinstehende brennend auf Erfolg im Beruf, auf die Bestätigung, dass sie es geschafft hatte, unabhängig auf eigenen Füßen zu stehen und eben eine moderne Frau zu sein.

Sie verschlang die Mitteilung:

> »Bekannter Bergsteiger in Kar gestürzt – unterhalb Turmfalkspitze – Nähe Damhirschalm – Anfahrt Brunnensteig – große Rettungsaktion eingeleitet – empfehle Reportage Hinze – Gruß Biermann.«

»Ach der Biermann«, dachte Jutta etwas verdrossen. »Wenn dieser Wichtigtuer dort ist, quatscht der mir andauernd drein. Aber ich lass mich überraschen und werd mich schon durchsetzen«, machte sie sich Mut und suchte Lederhose auf, den sie nach kurzer Information zum Chef schickte.

Nach einer guten Stunde waren die beiden mit ihrem Auto unterwegs.

Der etwas dickliche und stoppelbärtige Fotograf, mit seinen kaum dreißig Jahren schon fast eine Glatze unter der Schildmütze schwitzte immer ein wenig, war im Wesen jedoch gutmütig und zuvorkommend. Deshalb mochten ihn alle und auch Jutta. Während der Fahrt war er unablässig mit Fummeleien an seinem Fotomaterial beschäftigt und klagte über die Eile, die man ihm wieder einmal zugemutet hatte und dass er sich nie, nie richtig vorbereiten könne.

Um die Mittagszeit waren sie bereits in Brunnensteig, einem reizvollen Bergdorf mit wenig Tourismus, denn weit und breit führte nur ein einziger Sessellift zum Grat über dem Wald und der war im Sommer kaum in Betrieb. Jutta hielt vor dem kleinen Verkehrsbüro und erkundigte sich, nachdem sie ihren Presseausweis vorgezeigt hatte, ob es möglich wäre, den Lift für sie und ihren Kollegen laufen zu lassen. Sie müsse eilig zur Damhirschalm und …

Die Frau hinter dem Tresen unterbrach sie:

»Das kann leicht sein. Ich glaube, der Karl ist noch drüben. Die haben heute schon die Bergrettung mit Material hochgefahren, wegen einem Unglück.«

Die beiden Kollegen schulterten die bestückten Rucksäcke und schwebten hinauf zum Grat. Von dort wand sich ein schmaler Pfad entlang felsdurchsetzter Wiesen. Die Sonne stach ein wenig. Jutta staunte, wie leichtfüßig der gute Lederhose vor sich hinwanderte und verstand, weshalb ihn Hinze immer dabei haben wollte. Schon nach einer Stunde hatten sie die nächste Kuppe hinter sich und blickten hinüber zur Alm, wo sich einige höchst professionell gekleidete Bergleute besprachen.
»Kein einziger Damhirsch zu sehen«, monierte Lederhose. »Warum heißt dann die alte Kate ›Damhirschalm‹?«
»Der Name stammt ganz einfach von früher, als es hier noch welche gab«, meinte Jutta und sah mit Genugtuung, dass – vorläufig wenigstens – weder Konkurrenz noch Biermann zu sehen waren. Aber ihr war auch klar, dass sie ja noch einen beachtlichen Aufstieg bis zum Ort des Geschehens unterhalb des nun hoch aufragenden Turmfalksteins zu bewältigen hatten. Wer weiß, was noch alles auf sie warten mochte.
Sofort übernahm sie im Kreis der Gesellschaft die Initiative, hielt dem ihrer Meinung nach leitenden Mann ein Mikrofon vor und befragte ihn nach dem Stand der Dinge.
»Halt einklemmt isch er«, war seine kurze Antwort. Dann wandte er sich wieder den anderen zu und sie verstand kaum ein Wort.
Lederhose reservierte inzwischen eine Unterkunft in der Hütte, als über ihnen ein Helikopter auftauchte und wieder verschwand, nachdem ihm der Gschwendner Franz – Jutta hatte inzwischen seinen Namen gehört – Armzeichen nach oben gegeben hatte.

»Der Herr Dokt'r«, sagte Franz mit wichtiger Miene. »Die sollet prüfa, ob se oba landa könnet, sonsch' müsse se ihn abseila.«

»Kommet!«, fügte er noch hinzu und plötzlich brachen alle mit Rucksäcken und allerhand Gerätschaft bepackt auf. Jutta gab Lederhose ein Zeichen und sie stiegen tapfer hinterher. Als es steiler und felsiger wurde, blieb einer aus dem Rettungsteam stehen und wartete auf die beiden Journalisten, die er nun voraussteigen ließ.

Als der vorgelagerte Kamm erreicht war, konnte man die schroffe Direttissima zum Turmfalkstein überblicken und seitlich links einen kleinen Vorsprung, über dem der Hubschrauber schwebend stand und eine Last am Seil herabließ. Zwei Leute stiegen nach rechts hoch. Jutta vermutete, dass einer von ihnen wohl der Arzt sein müsse. Franz Gschwendner blieb vorne stehen und hielt die Hand vor die Stirn, um auf der anderen Seite Genaueres erkennen zu können.

»Sie bleibet besser do«, wandte er sich an Jutta. »Drüba' standet se nur im Weg.«

Dieser Hinweis traf nicht auf Juttas Absicht. Sie wollte genauen Einblick in alle Details bekommen und von ihrem jetzigen Standort aus konnte man weder den Verunglückten sehen, noch die Umstände, in welchen er sich befand. Lederhose machte zwar ein paar Aufnahmen von den Vorgängen mit dem Helikopter, aber das war nichts für eine Titelseite.

»Ich gehe auf jeden Fall mit meinem Kollegen!«, entgegnete sie energisch. »Sie brauchen sich nicht um uns zu

kümmern. Wir haben durchaus Erfahrung in den Bergen.«
Franz zuckte mit den Achseln, sah sich um und verkündete nachdrücklich: »Auf eigene Verantwortung!«
Dann stiegen alle ein Stück weit ab, um zum Gegenanstieg zu gelangen. Das Gelände war zwar etwas mühsam, aber nicht sonderlich schwierig. Der eigentlich steile Aufstieg begann erst weiter oben. An dieser Stelle befanden sich nun auch die beiden Helfer, die sich aus dem inzwischen wieder abgeflogenen Hubschrauber abgeseilt hatten. Von ihrer Position aus blickten sie in eine Spalte hinein, die von außen keinen Zugang zu haben schien.
Jutta bemühte sich, neben Franz zu gelangen, um mit ihm ins Gespräch zu kommen. Sie erklärte ihm, wie wichtig es doch sei, dass eine solche Aktion in der Zeitung beschrieben würde, und dass dies in der Öffentlichkeit Aufmerksamkeit für die wertvolle Tätigkeit der Bergwacht und auch Spendenbereitschaft erzeugen würde. Ihre Worte blieben nicht ohne Eindruck auf den Mann, der nun wohlwollend nickte, nachdem er erkannt hatte, dass die Reporterin sich bei dieser Begehung durchaus nicht ungeübt anstellte.
An der vorgesehenen Stelle angekommen, die doch mehr Platz bot, als aus der Distanz zu vermuten gewesen war, erfuhren die Ankömmlinge zuerst den detaillierten Hergang des Unfalls von Klaus Kramer, dem Begleiter des Arztes, welcher sich als Bergkamerad des verunglückten Berni Obermüller herausstellte:
Beim Aufstieg der beiden in aller Frühe hatte Berni eine senkrecht nach unten weisende Öffnung entdeckt und

war neugierig hineingeklettert, um festzustellen, wohin dieser Kamin führen könnte. Dabei hatte das Seil, mit dem er sich oben gesichert hatte, einen lockeren, länglichen Felsblock gelöst, der von oben dem Bergsteiger nachgerutscht war und nun wie ein Keil dessen Rückstieg versperrte. Dabei klemmte er Berni so unglücklich ein, dass er ein Bein überhaupt nicht bewegen konnte und so eng gepresst an der Seite kauerte, dass er Mühe hatte, zu atmen. Klaus war, nachdem er vergeblich versucht hatte, Berni zu helfen, zur Hütte abgestiegen, um Rettungsmaßnahmen einzuleiten, dort war er Biermann begegnet, der alles Weitere veranlasst hatte. Klaus war nun zur Ortsbeschreibung und Mithilfe dageblieben, auch um Berni nicht alleine zu lassen.

Jutta war zufrieden. Die Sache war also exklusiv und Biermann nicht mehr um die Wege.

Bernis Kopf war in etwa acht Metern Tiefe zu sehen und der Doktor bemühte sich, an zwei Seilen gesichert und mit gegrätschten Beinen über dem Verunglückten, Untersuchungen anzustellen, was offensichtlich nicht gut gelingen wollte. Mit gedämpftem Hall hörte man die beiden unten sprechen.

Lederhose machte Aufnahmen mit Blitz und klagte darüber, dass dieser wohl zu schwach sei, wobei er den Mund zukniff und die Backen etwas aufblähte. Der Arzt stieg mit Zughilfe wieder empor und berichtete den Anwesenden mit beruhigender Miene:

»Er bekommt zwar ein bisschen schwer Luft, aber es reicht. Das linke Bein scheint wohl gequetscht zu sein, jedenfalls kann er es nicht bewegen. Ein Arm ist frei, den anderen bringt er nicht über die Schulter.«

An einer Reepschnur ließ man eine Flasche mit einem Getränk hinab und Berni trank gierig mithilfe der freien Hand. Lederhose knipste wieder und zeigte danach Jutta seinen hoch gestreckten Daumen.

Nun wurde über das Prozedere der Rettung verhandelt und die Journalistin horchte angestrengt, um das Wesentliche zu verstehen. Man erwog zuerst, den massiven Zapfen mit Stahltrossen und einer Seilwinde nach oben zu befördern, vielleicht sogar unter Einsatz des Helikopters. Aber die Taue am Stein anzubringen schien zu kompliziert, da der Koloss ja unterfangen werden musste. Diesen vorsichtig zu zerteilen oder Stücke abzuspalten, um mehr Raum für den Eingeklemmten zu schaffen, wie ein einfacher Helfer vorschlug, fand Franz zu gefahrvoll, und Jutta nickte ihm dabei anerkennend zu.

Schließlich wurde ein Mann außerhalb des Kamins abgelassen, der untersuchen sollte, ob von außen vielleicht ein Zugang zu schaffen sei, zu dem man den Verunglückten vielleicht hinab bugsieren könnte. Zurückgeholt meinte der Helfer, man könne wohl in tieferem Bereich ein Loch sprengen, dann müsse man weitersehen.

Berni wurde etwas Essen zugeführt. Die Zeit drängte. Zum einen wurde es bald Abend und zum anderen musste die gesundheitliche Lage des Verletzten bedacht werden.

Jutta war mit dem bisherigen Ablauf höchst zufrieden. Pausenlos hatte sie auf ihr Tonband gesprochen, hatte auch ein Statement des Arztes aufgezeichnet und nun

ließ sie vorsichtig ein Mikrofon hinab, um ein paar Worte des Verunglückten zu erhaschen. Bernis Antworten kamen stoßweise, er habe Glück gehabt, nicht erschlagen worden zu sein, er habe keine Schmerzen, er sei hoffnungsvoll, dass man ihn alsbald retten könne.
Die Reporterin sah in ihrer Phantasie bereits die Seite Eins des Abendblatts mit ihrer Schlagzeile gesichert: »Kampf um Berni Obermüllers Leben.« Aber würde die Story für eine zweite oder gar dritte Berichterstattung reichen? Was nur könnte geschehen, um die Rettung möglichst langwierig zu gestalten, damit sich der Vorgang hinzöge, um ihr wenigstens noch eine zweite Chance zu ermöglichen, das Drama zu beschreiben.
Obermüller schien es ja so weit ganz gut zu gehen. Natürlich war seine Lage unangenehm, aber es standen ihm ja Fürsorge und vor allem ihre Schlagzeilen bevor, die ihn aus seinem lokalen Kreis der Anerkennung nun überregional bekannt machen würden.
Jutta hatte sich inzwischen bei den einflussreichen Herren aus dem Rettungsteam gut in Szene gesetzt. Burschikos und kumpelhaft bei Franz und seinen Leuten und mit cleveren und verantwortungsvollen Worten beim Doktor. Ihre Kommentare sprach sie so laut aufs Tonband, dass jeder der Helfer immer wieder seinen Namen hören, seine Ideen und Hinweise in Wort und Bild in der Zeitung vorwegsehen konnte. Jutta Manhard spürte immer deutlicher ihren Einfluss auf das Geschehen. Wann immer sich eine Entscheidung zum Handeln herauskristallisierte, sie äußerte entsetzt Bedenken über mögliche Folgen, die jeweils auch nachvollziehbar waren,

denn die in allen Bereichen perfekte Lösung schien es nicht zu geben. Keiner wollte derjenige sein, der in der sich entwickelnden Reportage als Schuldiger genannt würde, wenn die eine oder andere Maßnahme denn misslingen sollte, für die er stand.

So zog sich das Palaver hin, und es wurden so lange Umfang und Gewicht des massiven Keils berechnet, bis der Abendnebel sich über das Geschehen senkte und man beschloss, am nächsten Morgen bei vorhergesagter klarer Sicht weiterzumachen, da dann auch der Helikopter wieder einsetzbar war. In der Zwischenzeit wollte man eine wohl durchdachte Entscheidung treffen und das dafür spezielle Material einfliegen lassen. Berni wurde, soweit dies möglich war, in eine Decke gehüllt und der Arzt verabreichte ihm ein Schlaf- und Schmerzmittel. Sein Freund Klaus, der am meisten unter der Zögerlichkeit der Retter litt, sollte mit einem Sanitäter vor Ort bleiben, wofür zwei Bahren bereitgestellt wurden. Die übrige Gruppe machte sich mit leichtem Gepäck auf den Rückweg zur Hütte.

Jutta hatte das erarbeitete Material bereits per Internet in die Redaktion geschickt und wartete gespannt auf Antwort. Die ließ nicht lange auf sich warten und fiel kurz, aber positiv aus.

Die allgemeine Müdigkeit ließ letztlich wenig konkrete Resultate zu und man war sich einig, dass am frühen Morgen mit frischen Kräften wohl besser Entscheidungen getroffen werden könnten.

Das gute Wetter ließ dann doch länger auf sich warten, da sich die Sonne nur mühsam gegen den Dunst durch-

setzen konnte. Man stärkte sich am Frühstückstisch und beschloss, nun verschiedene Maßnahmen gleichzeitig in die Wege zu leiten.
Einerseits sollten starke Stahlseile den Brocken möglichst tief unten wie ein Ring umspannen, wobei der Fels, wenn möglich, durch Seilwinde und Hubschrauber gleichzeitig gehoben werden sollte. Dazu musste allerdings zuvor ein Stück der Verkeilung vorsichtig abgetragen werden, um die Trossen umfassend anbringen zu können.
Unabhängig davon sollte weiter unten eine Öffnung in den Kamin gesprengt werden, nachdem der Fels zuvor fixiert worden war, damit ein weiteres Nachrutschen bei der unvermeidlichen Erschütterung verhindert werden könnte. Dies sollte für den Fall geschehen, dass der Stein sich doch nicht völlig entfernen ließe, um bei ausreichender Anhebung desselben den Verletzten dann nach unten abtransportieren zu können. Der Sprengsatz selbst sollte geringste Ladung enthalten, um ja keine Reaktionen im gesamten Felsbereich auszulösen.
Mit diesem universal anmutenden Vorhaben waren alle einverstanden und niemand konnte behaupten, man habe eine gute Rettungsmöglichkeit ausgelassen.
Jutta war höchst zufrieden und jedes Detail wurde notiert. Lederhose machte Aufnahmen, und bereitwillig ging jeder zur Seite, wenn er näher herantreten wollte an die jeweiligen Aktivitäten.
Berni ging es mäßig. Die Nacht über war er unruhig gewesen. Auch seine beiden Bewacher hatten kaum ein Auge zugetan und standen welk aussehend da. Die

Schulter schmerzte den Bedrängten wegen der verkrampften Haltung, die Verdauung hatte sich längst in für ihn unangenehmer Weise gelöst und er fühlte Übelkeit. Außerdem war der Puls erhöht, was dem Doktor Sorgen machte, da die mangelhafte Atmung eine Lungenentzündung auslösen konnte. Penizillin wurde in den freien Arm gespritzt.

Ein Sprengmeister wurde mit einem Helfer eingeflogen. Ebenso besonders starke Trossen mit massiven Klammervorrichtungen. Der seitlich überstehende Felsteil war mittlerweile von einem tüchtigen Handwerker geschickt abgetragen worden. Nun stellte sich heraus, dass sich das dicke Stahlseil nur unzureichend biegen ließ, sodass man es nicht in die vorgesehene Form zur Umfassung bringen konnte. Also musste man auf die seit gestern vor Ort liegenden Trossen zurückgreifen und sie eben mehrfach bündeln.

Die Sprengspezialisten hatten inzwischen ihre Ladung angebracht und kündeten an, die Detonation würde in zehn Minuten erfolgen. Zeit genug für Jutta und Lederhose, sich dorthin abseilen zu lassen, um diesen interessanten Vorgang festhalten zu können.

Die Explosion verursachte eine gewaltige Staubwolke, löste aber im oberen, sensiblen Bereich Gott sei Dank keine Probleme aus. Als man jedoch endlich das Ergebnis der Sprengaktion betrachten konnte, genügte es keineswegs den Erwartungen, denn es zeigte sich nicht der kleinste Zugang zum Kamin.

Von einer Wiederholung rieten die beiden Fachleute ab. Das Risiko sei zu groß, dass tragende Elemente in Mitleidenschaft gezogen würden und Unvorhersehbares geschähe. Also musste man jetzt bei den anderen eingeleiteten Rettungsmaßnahmen umso konsequenter an die Arbeit gehen.

Leider zog nun ein Gewitter auf. Wohl ein vorübergehendes Ereignis, denn die allgemeine Wettervorhersage war gut. Es zwang jedoch zu Umstellungen, denn der Hubschrauberpilot teilte per Telefon mit, er müsse aus Sicherheitsgründen abdrehen, bis diese Unbill vorüber sei.

Man war mit der Befestigung der Seile noch nicht fertig, als nach einigen Donnerschlägen der Regen herabprasselte. Schnell deckte man die Öffnung mit Planen zu, um an den Wänden der Felsspalte keine Glitschigkeit entstehen zu lassen. Währenddessen blieb Klaus bei Berni unten, der immer schwerer atmete.

Jutta verbarg sich unter ihrem Anorak und hatte die nächste Folge bereits vollendet und auch Lederhose hatte die neuen Bilder »im Kasten«. Sie war überzeugt davon, dass ihr neuer Artikel eine zweite Titelseite bringen würde und dachte bereits an eine dritte. Vergnügt blickte sie auf ihren Kollegen, der eher missmutig dreinsah.

Das Unwetter verzog sich langsam und man ging wieder an die Arbeit. Endlich konnte man mit Seilwinde und Flaschenzug beginnen, aber es wollte nicht gelingen, den verkeilten Felsblock zu bewegen. Man befürchtete, ein mit aller Gewalt hervorgerufener plötzlicher Ruck beim Hochheben des Steins könnte Bernis Lage verschlimmern, ihn schwer verletzen oder gar töten. Deshalb riet

auch der wieder angeflogene Pilot nach zwei vergeblichen Versuchen, sich am Hieven zu beteiligen, von weiteren Bemühungen dieser Art ab.
Allgemeine Ratlosigkeit herrschte unter den Beteiligten, und Berni ging es zusehends schlechter.
Auch Jutta begann sich nun Sorgen zu machen, nachdem sie inzwischen ihren Tagesbericht versandt hatte. Immer wieder ließ sich der Arzt zu dem inzwischen ernsthaft Kranken abseilen und seine Miene wurde immer besorgter.
»Kann er denn sterben?«, fragte ihn Jutta erregt.
»Oh ja, ich fürchte, er wird sterben, wenn er nicht alsbald erlöst wird«, war die Antwort.

Plötzlich sprang der Handwerker auf, der zuvor das Felsstück vom Block mit Vorsicht abgelöst hatte:
»Jetzt lasset mich endlich des macha, was i geschtern scho' macha wollt. Keu Mensch hat mir zuhöra wolla!«, schrie er wütend in die Runde. Er nahm seinen schweren Hammer und das Stemmeisen zur Hand. Dann griff er sich noch einen herumliegenden Karton.
»Anbinda!« befahl er, ließ sich mit dem Kopf voraus zu Berni hinabseilen und begann, um diesen herum den Felsen zu bearbeiten wie ein Bildhauer. Den Karton legte er dabei vor das Gesicht des Verletzten, um ihn vor Splittern zu schützen. Die Umstehenden sahen schweigend zu und horchten auf das regelmäßige Klopfen und gelegentlich keuchend hervorgebrachte Worte.
Nach einer halben Stunde rief er: »Hoch!«
Man zog ihn empor. Mit rotem Gesicht, die Haare voll

Staub und außer Atem ruhte der Mann ein paar Minuten aus. Dann verlangte er ein weiteres Seil mit Sicherung.
»Zwoi mol no', na könnat ihr en raufzieha«, sagte er noch, dann ging es wieder abwärts. Achtsam umschlang er Berni mit dem Seil und knüpfte es fest.
Wieder hörte man das intensive Pochen und wieder rief er: »Hoch!«
Diesmal schien er am Ende seiner Kraft angekommen zu sein, und der Arzt sah sich veranlasst, sich auch um ihn zu kümmern, aber der wehrte ab und machte weiter. Die Schläge kamen nun immer langsamer und zwischendurch war nur noch lautes Stöhnen zu vernehmen.
»Hoch!« rief jetzt Franz, als er nichts mehr hören konnte. Man legte den entkräfteten Arbeiter auf eine Bahre. Qualvoll rang er nach Luft und stieß endlich leise hervor: »Langsam hochzieha!«
Mit Sorgfalt konnte der ohnmächtige Berni nach oben gebracht werden. Er sah bedauernswert aus, als der Doktor sich neben ihn kniete und ihm die bereitgehaltene Sauerstoffmaske aufsetzte. Kurz darauf konnte er in den Hubschrauber gehoben werden, der ihn ins Krankenhaus flog. Jutta hatte die ganze Zeit entgeistert dabeigestanden und Lederhose hatte fürsorglich den Arm um sie gelegt. Der Retter hatte sich erholt und spuckte mit zugekniffenen Augen hustend den Steinstaub aus. Jutta gab dem Kollegen einen Schubs und schon hatte dieser die Kamera zur Hand. Der Mann aber hielt sich den Arm vor:
»Mi' brauch'sch net knipsa«, sagte er mit abwehrender Handbewegung und zog sich die Jacke über.
»Wie heißen Sie?« fragte Jutta und zog das Mikro hervor.

»Zu mir sagt ma Sepp«, raunte er kurz und grantig, wandte sich ab, packte seine Sachen und begann den Abstieg.

»Das wird eine tolle dritte Titelseite«, bemerkte Jutta zu ihrem Begleiter, aber es klang irgendwie nicht mehr begeistert.

Berni musste bedauernswerter Weise ein Bein amputiert werden. Zu lange war es verklemmt und unterversorgt gewesen. Ansonsten erholte er sich wieder.

Das Abendblatt aber hatte für ein paar Tage seinen Knüller und Jutta Manhard wurde belobigt. Inzwischen hat sie ihr Büro in der Chefetage.

Einer trage des Anderen Last?

Die Ansicht, Ethik und Moral stellten nur überkommene Gebote aus religiöser und philosophischer Phantasie dar – es sei zwar eine feine Zierde des Menschen, sich damit zu beschäftigen, aber in der Realität vernachlässigbar, störend und hinderlich –, ist nicht nur falsch, sondern auch gefährlich.
Im 19. Jahrhundert begründete Charles Darwin aus der erkannten Evolution seine Selektionstheorie, die heute die gesamte Biologie wesentlich bestimmt. Kirchen und Morallehrer liefen anfangs Sturm gegen diese Lehre. Warum? Das Leben ist, wie es ist, und Darwin hatte doch aus wissenschaftlicher Sicht wohl Recht.
Der ›Darwinismus‹, inzwischen vereinfachend zur Soziallehre umgedeutet, brachte allerdings teils giftige Blüten und gefährliche ideologische Theorien hervor, für welche dieser hervorragende Forscher wirklich nichts kann.
In der irdischen Natur, deren Teil wir sind, überlebte seit Millionen Jahren stets das Starke innerhalb der sich entwickelnden Gattungen, da meist das Gesündere und Kräftigere den Kampf um die Fortpflanzung gewann und seine Fähigkeiten vererbte. Was sich nicht durchsetzen konnte, ging zu Grunde.

Und der Mensch?
Er hat von allen Wesen am deutlichsten bewiesen, dass körperliche Stärke allein das Überleben nicht sichern kann. Er hat andererseits den alttestamentarischen Auftrag, sich die Erde untertan zu machen, wahrhaftig ernst genommen – vielleicht zu ernst, zu wörtlich.
Eines Tages blieb ihm noch der gefährlichste Feind: Der Mensch selbst, der Andere.
»Homo homini lupus.« – »Der Mensch ist des Menschen Wolf.«, sagte Thomas Hobbes, ein britischer Philosoph aus dem 17. Jahrhundert. Wenn der *homo sapiens* seinen Gegner nicht erschlagen konnte, weil dieser ihn schon von Ferne mit einem Pfeil durchbohrte, erfand er eben immer schlauere Mittel, sich seines Gegners zu erwehren oder sich dessen Besitz zu verschaffen. Alleine sah er sich dazu bald nicht mehr in der Lage. Es kam zur Eskalation. Familiengruppen, Gemeinden, Völker stellten sich zusammen, rüsteten sich immer besser aus, zogen mit immer größeren Heerhaufen und wirkungsvolleren Waffen gegeneinander, um sich Jagdpfründe, Grund und Boden schließlich »Lebensraum« und Bodenschätze zu beschaffen und den anderen zu verdrängen, ja zu vernichten.
Die Geschichte ist voll solcher Beispiele und wir sind noch heute nicht am Ende damit. »Wir sind stärker, wir sind besser, wir müssen überleben.« So denkt jede Seite und diese Einstellung kann gerade unser Überleben letztlich sogar infrage stellen und zerstören. Der verkannte Darwinismus verkehrt sich so in sein Gegenteil.
Das aber entspricht eben nicht der wahren Natur des Menschen! Die Schöpfung, die Evolution, hat in ihm

auch noch ganz andere Eigenschaften entwickelt, Fähigkeiten, die sein Überleben in der Gemeinschaft und im Einzelnen sichern können, Talente, die ihm auch die Frage nach dem Sinn seines Daseins vor Augen führen, sowie sein Bestreben, nach neuen, besseren Lösungen zu suchen.

Hat die Natur nicht auch unsere dem Nächsten zugewandten Gefühle, unsere Liebesfähigkeit, unsere Einsicht, unsere Glaubens- und Geisteskraft hervorgebracht? Selbst wenn unsere Jenseitsbezogenheit nur sehnsuchtsvolle Phantasie sein sollte, Gottesbilder nur erdacht wären, so sind diese Denkstrukturen doch auch ein Ergebnis der Evolution mit der Option auf Weiterentwicklung. Selbst unerreichbar voneinander entfernte Völker haben stets ähnliche Gebote und Kulturen entwickelt, auch wenn nicht alle das Rad gleichzeitig erfinden konnten.

Unsere Vernunft muss diese Erkenntnis bejahen und daraus auch die Konsequenzen ziehen, und dies beginnt bei jedem Einzelnen, sonst ist es auch ohne Wirkung für die Allgemeinheit.

Einsatz für den Anderen gehört zu den Grundsätzen des Daseins und ist nicht nur romantischer Idealismus, der beiläufig zum verschönenden Kulturelement stilisiert wurde.

Der Mensch hat Schwächen, wie wir wissen, und wenn es ums Überleben geht, bricht gelegentlich simpler Angsttrieb in ihm durch, der nicht selten zum Untergang des anderen führen kann. Aber dies zur natürlichen Regel, zum Handlungsprinzip zu erklären, würde den

Menschen hinter das Tier zurückwerfen. Denn Tiere können durchaus in der Lage sein, ihr Leben für Artgenossen einzusetzen und zu riskieren.

Was geschieht jedoch, wenn es bei der Vernachlässigung solch elementarer Grundsätze nicht einmal um Selbsterhaltungstrieb geht, dem man zwar nicht gerade Respekt, aber doch ein gewisses Verständnis entgegenbringen kann? Und was, wenn es nur um die Verwirklichung eines ehrgeizigen Planes geht, bei welcher der andere im Weg steht und daher vernachlässigt oder gar abgeschoben wird? Sollten uralte und tief im Menschen sitzende, ja geradezu zum humanen Instinkt entwickelte Verhaltensnormen nun ausgerechnet in extremen Situationen am Berg nicht mehr gelten?

Wer so denkt, sollte die Berge besser meiden und den dort vermehrten Risiken aus dem Wege gehen. Solidarität und Engagement für den Kameraden gehören auch zu den notwendigen Führungseigenschaften und verbessern dabei jede Chance bei gemeinsamen Bestrebungen, selbst dann, wenn einem der Partner bei der Zielsetzung nicht in jeder Hinsicht entsprechen mag.

In der Geschichte über die Eroberung der Berge finden sich viele ergreifende Beispiele und Vorbilder, die große und opfervolle Einsätze für und um den anderen gebracht haben, auch mit der in Kauf genommenen Hingabe des eigenen Lebens in höchster Not.

Aber leider gibt es auch negative Beispiele, in welchen der Drang nach Erfolg zu weit vor der Rücksicht auf den Partner stand und am Ende der Berg Opfer forderte, die vermeidbar gewesen wären. Es geht dabei gar nicht um das Fehlverhalten an sich, das jedem passieren könnte, sondern um die nachträgliche Sanktionierung oder Beschönigung falscher Entscheidungen – also eine Art Generalabsolution für alles ab gewisser Höhen oder in problematischen Umständen.

Das totale Vertrauen zum Gefährten, die innere Kraft, das Wissen darum, dass auch der Kamerad dir blind vertraut, in jeder Situation – komme was da wolle und koste es auch den erstrebten Erfolg –, verleiht so großes Selbstvertrauen und so enorme Stabilität, ist für sich allein schon ein großes Erlebnis und zudem die größtmögliche Basis zur Überwindung von Gefahr und Notlage. Die lebendige Kameradschaft ist neben der Familie eine Keimzelle des Überlebens, auch wenn es gegebenenfalls das eigene Leben kosten mag, denn auch der Tod gehört zum Leben. Umso mehr, wenn er sinnvoll in Kauf genommen wird.

Der Mensch sollte erstreben, nicht nur seine Würde andauernd zu reklamieren, sondern sein Leben mit Würde zu ertragen und dementsprechend auch den Tod, wenn die Umstände es erfordern, mit Würde hinzunehmen. Daran ist sein wahrer Wert und seine individuelle Größe zu messen, mehr als an all seinen ehrgeizigen Leistungen.

Jedes Kind weiß heute, dass der Himalaja, was auf Altindisch ›Schneewohnstätte‹ bedeutet, das höchste Gebirge der Welt ist. Neben den vierzehn bekannten Achttausendern dieses Riesengebirges stehen dort mehr als zweihun-

dert Siebentausender und ungezählte Berge, die über sechstausend Meter hoch sind.
Jeder der zuletzt erwähnten Gipfel würde in den Alpen alle anderen weit überragen, aber im Himalaja haben sie vielfach nicht einmal einen Namen, geschweige denn, dass es für wirklich ehrgeizige Alpinisten als ›lohnend‹ gelten kann, sie zu bezwingen. Heutzutage zählen eben nur noch selten der individuelle Reiz dieser gigantischen Landschaften, dieser bizarren und einmaligen Natur oder das tief greifende Erlebnis, ja nicht einmal die besonderen Schwierigkeiten einer Besteigung. Vor allem anderen ist die imponierende Höhenangabe entscheidend. Die Schönheiten der exotischen Umgebung sind längst auf unübertreffliche Fotografien gebannt und können zu Hause im gemütlichen Kreis der Familie bewundert werden.
Nur die Rückkehr aus Rekordbereichen über der zauberhaften Zahl 8 belegt Erstklassigkeit und gilt in der Heimatpresse noch als bewunderungswürdige Glanzleistung.
Neben den zwölf thronenden Königen der Berge gibt es im Himalaja zwei Königinnen. Die Annapurna, die ›Göttin der Fülle‹, und die Shisha Pangma, der ›Grat über Weiden‹. Ihre Krone liegt als Einzige ganz im von China besetzten Tibet. Annapurna wurde bereits 1950 als Erste von allen Achttausendern überwunden, Shisha Pangma dagegen erst 1964 als Letzte. Sie hat das Glück, mit gerade noch dreizehn bescheidenen Metern die magische Grenze zu überragen und somit zu den erlauchten Hoheiten zu gehören, die sie besteigenswert machen.

Martin Bless und Willy Schump, zwei maßvoll erfahrene Bergsteiger im besten Mannesalter, kannten sich seit Jahren. Alpenverein, Schiklub, Naturschutzbund – überall waren sie Mitglieder und genossen wegen ihrer guten Leistungen in Fels und Eis auch Anerkennung. Schon lange träumten die beiden davon, irgendwann einer Himalajaexpedition anzugehören, wenigstens einmal auf einem der Giganten dieses mächtigen Gebirges gestanden zu sein. Aber solche Unternehmungen kosten viel Geld, mehr als sie sich ersparen oder entbehren konnten. Die Unterstützung von Vereinen schafften immer wieder irgendwelche anderen – durch bessere Beziehungen, wie sie vermuteten –, und so beratschlagten beide, wie sie es erreichen könnten, eine so ehrverheißende Unternehmung voranbringen zu können.
Ihr älterer Freund Heinrich, ein Himalaja-Veteran und in dessen Geografie ziemlich bewandert, beriet sie bei ihrem Vorhaben und kam nach eingehendem Studium der unterschiedlichen Möglichkeiten auf die Idee, dass die Shisha Pangma wohl das günstigste Objekt der Begierde sein könne.
Dieser wunderschöne Berg würde zwar inzwischen während der Saison relativ häufig begangen, liege aber, wenn auch nur gering, jenseits der Grenze von Nepal, in Tibet. Ginge man nur etwas außerhalb der üblichen Zeit, würde man mit ein bisschen Geschick die Grenze illegal passieren und sich auch die teure Genehmigung der Chinesen wohl ersparen können. »Der Zar ist weit und Peking noch weiter«, so seine Argumentation.
Die beiden aufmerksamen Zuhörer hatten den Namen

dieses Berges noch nie gehört, ließen sich aber leicht davon überzeugen, dass es sich bei dieser Rarität um eine der vierzehn Majestäten handle, deren Besteigung zu zweit und mit natürlich notwendigem Fotonachweis höchsten Ruhm im weiten Umkreis verspreche. Zudem eigne sich die Nordseite, wie Heinrich wusste, vorzüglich zur Abfahrt mit Schiern, was reizvoll und beeindruckend sei.
Martin und Willy waren wie berauscht von dieser Empfehlung und begannen ein eifriges Studium von Region, Gegebenheiten und nötigen Voraussetzungen.
Was ihnen an moderner Ausrüstung für eine derart weite Reise und Unternehmung fehlte, konnten sie sich leihen. Ja, sie erhielten, als ihre Absicht publik wurde und die allgemeine Aufmerksamkeit ihrer Kleinstadt erregte, sogar Spenden und unerwartete Hilfsgüter von einem Sportgeschäft, das sich von dem Sponsoring dieser Kleinexpedition eine gute Reklame erhoffte. Schließlich kam noch etwas Vorschuss von einem Bergmagazin, das Heinrich vermittelt hatte, und mit dem ein Exklusivbericht aus ihren während der Besteigung verfassten Tagebüchern vereinbart wurde. Das erlaubte den beiden Männern sogar Schulden aufzunehmen, denn ihr Erfolg wurde allseits nicht in Zweifel gezogen.
Der Plan nahm Gestalt an und plötzlich sprachen alle nur noch von der fernen Shisha Pangma und den beiden mutigen Lokalmatadoren, die sich die Eroberung dieses erlesenen Gipfels zutrauten.
Nachdem die technischen Vorbereitungen abgeschlossen waren, gab Heinrich noch einige wichtige Ratschläge und Anweisungen im kleinsten Kreis:

»Kommt mir ja nicht ohne Gipfelerfolg zurück, sonst könnt ihr die Berichte im Bergmagazin vergessen und auch künftige Quellen, bei denen ich mich enorm für euch eingesetzt habe.«

Und dann noch schärfer:

»Wenn einer von euch schlapp macht, soll der andere deshalb nicht auf das gesteckte Ziel verzichten. Einer der bekanntesten Bergsteiger der Welt hat diese Verhaltensweise in diesem Sinne ausgedrückt und damit die Basis zu seiner hervorragenden Leistungsbilanz und Karriere gelegt. ›Wir brauchen keinen ethischen Code‹ hat er für den modernen Alpinismus postuliert. Also lasst euch nicht von altbackenen Kameradschaftsgedanken das Gemüt schwer und die Knie weich machen, das ist vergangener Kitsch. In extremen Situationen ist sich jeder selbst der Nächste. Ohne den absoluten Willen zum Erfolg wird ihn keiner von euch erringen. Denkt an meine Worte!«

Die Abenteurer nahmen diese Lehre nicht nur zur Kenntnis, sie nahmen sie durchaus ernst und bezeugten ihren Willen zur Härte gleich durch die gegenseitige Zusage, sich – komme, was wolle – danach zu richten.

Beide waren verheiratet und Willy hatte zudem einen kleinen Sohn und so kam es allseits zu einem gefühlvollen Abschied. Dann ging es auf zum Dach der Welt.

Martin und Willy nahmen eine der üblichen Reiserouten über Land zum näheren Ausgangspunkt der Expedition. In einem alten VW-Bus, in den sämtliches Gepäck und Schier geladen waren und unter den üblichen kleinen Hemmnissen und Lästigkeiten bewältigten die

Alpinisten in knapp vier Wochen den Weg nach Kathmandu.
Die Gastlichkeit der Einwohner Nepals ist rührend. Man wird begrüßt mit dem Wort »Namastè«, welches den Sinn ausdrückt: »Ich verneige mich vor dem Göttlichen in dir.« Das verstanden die beiden Neuankömmlinge natürlich nicht. Sie schlugen sich, wie alle anderen, mit den üblichen englischen Brocken durch und schafften es mit Glück und leidlichem Geschick bis zum Einstieg in die Nordflanke der erträumten hohen Dame, als gerade eine andere Expedition die Gegend wieder verließ.
Objektiv gilt die Bezwingung dieser Seite in den Kreisen routinierter Extrembergsteiger als relativ einfach, was allerdings nichts Endgültiges aussagen kann. Denn Höhe ist Höhe, das Wetter ist wie überall der wesentlich bestimmende Faktor und das Wissen und die Erfahrung um viele Einzelheiten zur Bezwingung einer der Weltgiganten ist ebenfalls von elementarer Bedeutung. Natürlich hatten sich Martin und Willy im Rahmen ihrer Möglichkeiten gründlich vorbereitet. Sie hatten sich eingelesen in die umfangreiche Literatur versierter Himalajakenner und sie hatten intensiv trainiert und dabei zuletzt noch innerhalb einer Woche die berühmte Schidurchquerung »Haut Route« in den Walliser Alpen bewältigt, um sich wenigstens etwas zu akklimatisieren und um »in allen Schuhen gehen zu können«, wie ein heimisches Sprichwort sagt. Aber keiner kann vorab sagen, wie sein Körper auf die besonderen Umstände in großen Höhen reagiert und jeder hat seinen individuellen »toten Punkt« in unterschiedlichen Bereichen, der überwunden

werden muss und bei guter Kenntnis des eigenen Vermögens meist auch überwunden werden kann.

Das Wetter war gut, ein frischer Wind wehte vom tibetischen Hochplateau und die beiden Abenteurer waren guter Dinge und voll Enthusiasmus. Um kostenreiche Träger zu ersparen und folgerichtig ohne großes Gepäck auskommen zu können, hatten sie beschlossen, den Berg im so genannten »Alpenstil«, also in kurzer Frist unter Vernachlässigung eines Versorgungslagers und Zeit raubenden Aufbaus verbleibender Zwischenlager zu bewältigen. »Schnelligkeit und geringster Ballast« gehörten ja neben den anderen Hinweisen Heinrichs ebenfalls zu den Erfolg versprechenden Voraussetzungen für die Erstürmung eines Achttausenders.
Moderne Zelte sind leicht und schnell aufgebaut, und so verbrachte die inzwischen abgehärtete Zweischaft die erste Nacht am Fuße der Königin in guter Verfassung.
Gut gelaunt begannen sie am nächsten Morgen den Aufstieg. Martin litt ein wenig unter Durchfall, was zwar Kraft raubend, aber bei unvermeidlicher Nahrungsumstellung nur natürlich ist. Der bissig kalte Wind blies stärker als tags zuvor. Das war bei der intensiven Sonneneinstrahlung zwar noch gut zu ertragen, aber es machte den Aufstieg mühevoller, besonders wegen der hinderlichen Schier für die Rückkunft auf dem sich vor ihnen immens ausdehnenden Schneefeld.
Trotzdem vermeinten sie gut voranzukommen, wobei sie sich im Spuren abwechselten. Martin musste gelegentlich wegen seiner Verdauung pausieren und Willy warte-

te anfangs geduldig, obschon sich bald zeigte, dass sie weniger Strecke bewältigten, als der vorgefasste Plan nötig machte. Bei diesen ungewohnten Dimensionen täuscht sich auch ein geübtes Auge, dem diese Erfahrung fehlt.

Um sich für die zu erwartenden größeren Schwierigkeiten im oberen Bereich zu schonen und aufgrund seiner Verfassung wollte nun Martin früher biwakieren als vorgesehen, wobei sie an der ausgewählten Stelle keinen Windschutz nützen konnten. Willy war damit nicht zufrieden und wäre gerne noch weiter gestiegen, aber er gab schließlich nach.

Ein bisschen Wühlen im harschigen Schnee und das kleine Zelt ließ sich sicher verankern. Aber der wichtige Kocher wollte und wollte nicht brennen, um einen vereisten Klumpen zu schmelzen und Tee mit Zusätzen zu bereiten. Denn ausreichend mineralhaltige Flüssigkeit zu trinken ist unter extremen Bedingungen unerlässlich. Die Aufnahme von Schnee und Eis schwemmt wie destilliertes Wasser lebensnotwendige Salze im Körper ersatzlos aus, die ja schon durch intensives Schwitzen verloren gehen und dringend ergänzt werden müssen.

Also mussten sie schon jetzt zwei der wenigen Plastikflaschen öffnen, um den brennenden Durst zu löschen und sie trösteten sich damit, sie wenigstens nicht mehr mitschleppen zu müssen. Die ungewohnte Höhe war zwar noch erträglich, aber beeinträchtigte doch den erholsamen Schlaf und die kalt genossene Konserve störte nun Willys Magen, sodass er nach der entsprechenden Medizin greifen wollte. Diese war in Martins Anoraktasche gelandet und Willy stellte ärgerlich fest, dass dieser davon mehr zu sich genommen hatte, als es der Gebrauchsanweisung entsprach. Das schrieb er noch ergänzend in sein Tagebuch, während Martin schon schlief.

»Ich muss aufpassen«, dachte er bei sich und steckte den Rest der Pillen zu sich.

Der nächste Morgen war erneut klar, nur der Wind blies beharrlich. Jeder Handgriff musste sitzen und es durfte nichts ungesichert abgelegt werden, damit keines der wichtigen Untensilien weggeweht würde. Der Kocher funktionierte schließlich, nachdem der technisch versiertere Martin einen Windschutz gebaut hatte, und so konnte Tee bereitet werden. Sie aßen von den getrockneten Früchten und der Schokolade – das Verträglichste unter den gegebenen Umständen.

Sonst hatten sie bei solchen Gelegenheiten stets lustig miteinander geplaudert, aber in dauernder Erinnerung an Heinrichs dezidiert gegebenen Hinweis hatte inzwischen jeder begonnen, den anderen argwöhnisch zu beobachten und den eigenen Zustand mit dem des anderen einschätzend zu vergleichen.

Martin glaubte beobachtet zu haben, dass Willy sich doch etwas viel von der nicht allzu reichlich vorhandenen Schokolade abbrach und erlaubte sich den Hinweis, wie lange die Reserven möglicherweise reichen müssten. Das wiederum ärgerte Willy. Als sie aufbrachen, fragte nun Willy, ob Martin denn wohl diesmal gut genug »drauf sei«, um wenigstens heute das vorgesehene Tagespensum zu schaffen, was Martin mit hochgezogenen Augenbrauen und einem tiefen Atemzug unbeantwortet ließ.

Am Nachmittag kamen Cirrostratus auf, die in Altostratus übergingen. Martin hatte sich umfangreich mit Wolkenkunde befasst und wusste deshalb, dass diese Konstellation kein gutes Zeichen war. Weiter oben zeigte sich der Berg verhüllt und der Wind kam nun in Böen aus wechselnder Richtung.

Von der abziehenden Gruppe im Tal, die über Radio die Prognose kannte, hatte er erfahren, dass gutes Wetter vorhergesagt war und so nahmen beide an, dass es sich nur um ein vorübergehendes Tief handeln konnte. Aber aus Erfahrung wussten sie schon aus den Alpen, wie trügerisch sich oft das Mikroklima im Gebirge gestaltet.

Martin stieg gerade voraus, als er hinter sich ein Klappern und einen ärgerlichen Ausruf des Partners hörte. Einer der Schier hatte sich von Willys Rücken gelöst und schoss nun auf Nimmerwiedersehen in die Tiefe.

»Typisch!« Martin konnte sich diesen lauten Ausdruck nicht verkneifen und die Konsequenzen standen ihm sofort vor Augen. Der Terminplan geriet ins Wanken. Sie pausierten und berieten sich, wobei Willy schuldbewusst zu erklären versuchte, wie das passiert sein konnte. Martin schaute ihn dabei ungeduldig nickend an und bemerkte, wie oft er ihn doch schon wegen Schusseligkeiten ermahnt hatte.

»Das mindert unsere Chancen gewaltig« sagte er missmutig und blickte nach oben, wo die Wolken etwas aufrissen und der mächtige Gipfelaufbau sich kurz zeigte.

Kleinlaut schlug der stets findige Willy vor, man könne bei der späteren Abfahrt vielleicht die Schier wechseln, sodass immer einer ein Stück abführe und dann die

Bretter für den inzwischen Absteigenden wieder bereitstelle, um selbst zu Fuß weiter abzusteigen, bis der andere ihn fahrend überhole und so immer weiter. Eigentlich war das kein übler Kompromissvorschlag, wenn nur das gegenseitige Verständnis der beiden noch so gewesen wäre wie zuvor. Aber der Gedanke an das noch weit entfernte Ziel und das im Hinterkopf immerzu lauernde Gebot Heinrichs, den Willen immer vorrangig auf den Erfolg zu richten, begann sich in ihnen festzufressen.

Wie hatte noch Heinrich sein großes Vorbild zitiert: »Bergsteigen ist mit moralischen Maßstäben nicht messbar, so wenig die Verantwortung dabei eindeutig teilbar ist.« Also ist hier eben geteiltes Leid nicht halbes, sondern doppeltes, dachte Martin und er sagte nur beiläufig: »Wir werden sehen, zuerst müssen wir jedenfalls hinauf!« Nach kurzer Überlegung steckte nun Willy auch den anderen Schi, der ja nun zu nichts mehr nutzen konnte, in den Schnee und übernahm das Spuren, wobei ihm das Weiterkommen beim Rückweg nicht aus dem Kopf gehen wollte. Martin überlegte unterdessen, dass der Willy ihm doch nun wenigstens einen seiner Schier hätte abnehmen müssen angesichts der geäußerten Zumutung der Teilung bei der Abfahrt.

Eigentlich hätten sie an diesem Tag den Einstieg in das felsdurchsetzte, schwierigere Gelände erreichen müssen. Von dort aus konnte dann der Anstieg zum überwächteten »Grat über den Weiden« erklommen werden, an dessen einem Ende der Gipfel winkte. Aber sie befanden sich mehr und mehr inmitten von Wolken, die der Wind

durch sie durchzublasen schien und die nur selten einen klärenden Blick nach oben gewährten.
Nie fühlt sich der Mensch einsamer als in derart unwirtlichen, unbekannten Bergbereichen, besonders ohne Sicht. Es ist viel schlimmer als das Dunkel des Waldes. Die beiden Abenteurer hatten inzwischen eine Höhe erreicht, in der die Lunge trotz rascheren Atmens nicht mehr ausreichend Sauerstoff ins Blut bringt. Auch der Zustand der Milliarden von Zellen in einem menschlichen Körper verändert sich bei ungewohnt geringem Luftdruck.
Dies alles setzte den Männern zu, die hechelnd ihr Tagespensum vollenden wollten und beschwerlich die Richtung hielten. Keiner von beiden wagte trotz des Kräfteschwundes eine Rast oder gar das anstehende Biwak vorzuschlagen, um dem anderen kein Signal der Schwäche zu geben.
Da es steiler geworden war – etwa vierzig Grad –, hätte sich ein gelegentlich zwar zeitraubendes, aber beruhigendes Anseilen und Sichern empfohlen, worin sie sich bisher in gemeinsamer Routine und ohne viel Worte stets einig waren. Aber nun stapften sie wortlos auf ihren Steigeisen weiter. Willy stieg voraus und schlug manchmal mit dem Pickel eine Stufe.
Als ein vor dem Wind schützender Felsen auftauchte, neben dem sich eine kleine Nische anbot, blieb Willy stehen und nahm den Rucksack ab. Ein Rest der altbewährten Kameradschaft kam in ihm durch und er half Martin, der sich keuchend fallen ließ, sich seines Gepäcks zu entledigen.
Ein sicheres Biwakzelt, ein funktionierender Kocher im

Windschatten, Tee, Zwieback, alles war so weit in Ordnung, aber dennoch herrschte gedrückte Stimmung wegen des Wetters, des nicht erreichten Zielpunktes und der mäßigen Verdauungsprobleme. Die Unterwäsche war trotz Kälte von der Anstrengung schweißnass, was in Ruhephase das Frösteln steigerte. Immerhin hatte der Wind etwas nachgelassen.

Martin packte die spärlich werdenden Schokoladenreste weg, nachdem Willy immer wieder danach gegriffen hatte, und beide schrieben noch in ihre Hefte, wobei die Kugelschreiber nicht sauber funktionierten und sie zu Bleistiften greifen mussten. Wie selbstverständlich verbarg jeder seine Aufzeichnung vor dem anderen.

Trotz großer Müdigkeit fällt das Einschlafen unter extremen Bedingungen oft schwer und dann schwirren die Gedanken umher zwischen Heimat und Familie und nicht selten taucht dabei die innere Frage auf, was man denn hier in dieser trostlosen Einsamkeit überhaupt wolle.

In diesem Fall aber dachten die beiden auch an die jeweils noch vorhandenen eigenen Kraftreserven und an die des Partners und Überlegungen wurden wach, ab wann der andere denn im Sinne der vor Heinrich gegebenen Zusage zum Alleingang ansetzen würde, »ab wann lässt er mich im Stich?« Oder: »Ab wann sollte ich es tun?« Jeder dachte, warum denn nur der andere sich im Gegensatz zu früheren Unternehmungen so anders verhielt und dass dies einen selbst ja gerade zum Umdenken zwang.

Kälte drang durch Glieder und Gemüt. Inzwischen hatten beide gelernt, jeden Gegenstand, dem der intensive

Frost schaden könnte, zu sich in den Schlafsack zu stecken. Kamera, Getränkeflaschen, ja selbst die Plastikstiefel, die morgens sonst derart steif gefroren sein konnten, dass man die Füße nicht mehr hineinbrachte. Aber das Sammelsurium bedrängte auch die Bewegungsfreiheit und zwang zu starrer Haltung.

In der Nacht schneite es und das Gewicht des Schnees presste bald das dünne Zeltdach bis an die Gesichter. Durch die intensive Atmung bildeten sich Eiskrusten und sogar kleine Zapfen am Tuch, das sich nun den Gesichtern näher drängte.

Martin schreckte hoch. Mit der Taschenlampe erkannte er die Lage und stieß Willy an.

»Der Schnee drückt uns ein!«, schrie er und sah auf die Uhr. Es war kaum Mitternacht und mochte ewig so weiterschneien. Murrend wühlte er sich aus dem Schlafsack, als Willy nicht reagierte, zog die Stiefel über und öffnete nervös den anfangs klemmenden Reißverschluss des Eingangs. Mit dem Kochgeschirr schippte er die Last vom Zelt, wobei er die Lampe in den Mund steckte, um beide Hände frei zu haben und doch zu sehen, was er tat. Es dauerte eine Weile, bis er danach wieder seine Schlafordnung bereitet hatte und halbwegs warm geworden war. Brummend wies er noch darauf hin, dass es Willys Sache sei, das nächste Mal diese Tortur auf sich zu nehmen.

Der Schneefall ließ jedoch nach und morgens konnten sie unschwer den lockeren Pulverschnee wegschaffen und ihre Utensilien halbwegs trocken verpacken. Die Witterung hatte sich etwas verbessert, wenn auch die Sicht nicht weit reichte.

»Einen meiner Schier kannst du doch jetzt wohl tragen«, mahnte Martin nach der kurzen Mahlzeit und Willy nahm dies widerspruchslos hin. Es war ihm sogar recht, denn dieser zweite Schi war nun wie ein Pfand an ihm und Martin bedurfte seiner nun, wenn er am Ende abfahren wollte. Das pochende Kopfweh, das er seit dem Morgen spürte, als hätte er einen Kater, verschwieg er.

Als die weitere Umgebung immer klarer zu erkennen war und die Sonne gelegentlich durchbrach, stellten sie fest, dass sie die korrekte Route verfehlt hatten und sich in einem Couloir befanden, das weiter oben keine Fortsetzung versprach. Das war zu korrigieren, aber sie beschlossen nun, um nicht Zeit raubend zurückkehren zu müssen, die steile Felsbarriere zu überklettern, welche sie vom eigentlichen Aufstieg trennte.

Technisch war das mit notwendiger Seilsicherung durchaus machbar und für gewandte Alpinisten an sich auch kein Problem. Aber in der gewaltigen Höhe wurde jeder Handgriff, jede extreme Bewegung zur schmerzlichen Plage, die nur mit zeitlupenartiger Langsamkeit und häufigen Atempausen bewältigt werden konnte. Beiden wurde quälend bewusst, dass ihre unzureichende Akklimatisation sich nun rächte und dass die Warnungen in den Schriften versierter Extrembergsteiger fraglos berechtigt sind.

Willys Helm verrutschte, da er den Riemen gelockert hatte, und als er ihn zurechtrückte, löste sich die übergestülpte Sonnenbrille und fiel einige Meter hinab.

»Du musst mich ein Stück abseilen, damit ich meine

Brille wieder holen kann«, rief er dem weiter oben operierenden Martin zu.
»Mein Gott Willy!«, schrie dieser ärgerlich und nach einer Weile: »Du hast doch noch die kleine im Rucksack … Wir müssen weiter!«
Willy schwieg. »Woher wusste Martin das?« Ohne Mithilfe und Seilzugabe des anderen war der Rückstieg nicht zu machen. Während der nächsten Pause in günstigerem Gelände wollte er die andere hervorholen. So kämpfte er sich weiter, während die Sonne nun brennend das Szenario beschien.
Für den Übergang zum Normalaufstieg hatten sie erneut länger gebraucht als veranschlagt. Während der nun dringend gebotenen Rast konnten sie staunend den mächtigen Grat über sich erkennen und an dessen rechtem Ende den felsigen Aufbau, über dem die kleine Schneepyramide mit dem höchsten Punkt stehen musste, die von ihrem Standplatz aus nicht sichtbar war.
Von Zeit zu Zeit lösten sich oben Lawinen, teils in unhörbaren Staubwolken, teils in polternden Eis- und Felsbrocken. Ein ergreifendes Schauspiel der Natur. Sowohl Martin als auch Willy waren begeisterungsfähig und beide hatten durchaus Sinn für die gewaltige Schönheit dieses monumentalen Teiles der Welt. Auch das Bewusstsein, sich nun in großer Nähe eines der Traumgipfel jedes Alpinisten zu befinden, berührte sie tief. Wäre da nur nicht dieses böse Ticken im Hinterkopf gewesen mit der Generalorder, ja nicht ohne eindeutigen Erfolg zurückzukehren – koste es, was es wolle.
Das strahlende Wetter gab wieder neuen Mut, obschon

der Zeitplan längst nicht mehr einzuhalten war, was sich vor allem auf die Ernährungsreserven auswirkte, denn was man auf solchen Touren zu sich nehmen will, muss man mitschleppen und das wiederum kostet Kraft. Viel zu essen ist bei dieser Höhe und so großer Anstrengung gar kein großes Bedürfnis. Die Kehle schmerzt von der schnellen Atmung mit offenem Mund, was unvermeidlich wird. Und für den mörderischen Durst muss immer wieder mit dem Kocher Wasser für Tee erhitzt werden, wenn nicht ausreichend Trinkreserven mit hochgebracht wurden, und das kostet wiederum Zeit.

Die beiden Bergsteiger hatten unterdessen in den schwierigen Lagen gierig ihre letzten Plastikflaschen geleert. Martin besaß zwar noch eine Flasche tief im Rucksack, jedoch verschwieg er das. Er war überzeugt, der Stärkere von beiden zu sein und richtete sich deshalb darauf ein, im Zweifel für den alleinigen Endspurt gerüstet zu sein. Umso mehr, als Willy nun über Augenschmerzen klagte, während er den Hibiskustee aufgoss und Vitamintabletten darin auflöste. Wohl hatte er die Ersatzbrille aufgesetzt, aber sie dichtete nicht ausreichend ab und er war lange ohne jeden Schutz geklettert.

Sie nutzten noch das letzte Licht des Tages und kämpften verbissen gegen Schneemassen, brennende Schenkel und bleierne Müdigkeit an. Martin war schlagartig völlig am Ende seiner Kräfte und schlief kniend ein, den Kopf vor sich in den Firn gesteckt.

Willy stutzte. »Sieh da, der zähe Martin«, dachte er und schon sah er sich morgen im entscheidenden Endkampf um den Berg voraussteigen, vielleicht gar alleine – oder vielleicht auch erst übermorgen, kam es ihm in den Sinn, während seine Augen noch mehr brannten und er erschreckt in Furcht geriet, er könne schneeblind werden. Er drehte Martin zur Seite und zog ihm den Rucksack aus.

»Verdammt«, kam es ihm leise über die Lippen, »sein Gepäck ist leichter als meins. Was hat er denn irgendwo zurückgelassen – oder mir heimlich aufgebrummt?«

Martin war wieder von seinem Sekundenschlaf erwacht und bemerkte, dass Willy die Gewichte verglich. Tatsächlich hatte er morgens, ganz nebenbei, ein paar Utensilien mehr bei Willy untergebracht und dabei auch die zweite Sonnenbrille entdeckt. Er raffte sich auf und begann beiläufig laut darüber nachzudenken, wo sie nun alsbald die Schier deponieren sollten, wo sie das Biwak der kommenden Nacht aufschlagen könnten und sah sich noch mit geheuchelter Besorgnis Willys Augen an. Dieser vergaß dabei tatsächlich sein Interesse an dem Ungleichgewicht. Als sie später nochmals darauf zurückkamen, meinte Martin vorwurfsvoll, er habe dafür gestern beide Schier getragen und heute viel öfter vorausgespurt. Doch das stimmte nicht und Willy merkte sich das.

Während ihres Kampfes um jeden Höhenmeter beobachteten sie sich gegenseitig mehr als je zuvor. Und ihre Gedanken verbissen sich in die Abwägung, was wohl der andere denken möge, ob er diesem noch gewachsen oder gar noch überlegen sein könne oder ob es umgekehrt sei. Keiner traute dem anderen, denn beide hatten sich so sehr das Prinzip verinnerlicht, dass hier oben die sonst so segensreiche Kameradschaft ein Ende haben dürfe, ja vielleicht müsse.

Mit größter Anstrengung erreichten Martin und Willy an diesem Tag immerhin eine Höhe und eine Position, von der aus eine kleine Seilschaft in guter Verfassung und bei den herrschenden äußeren Bedingungen durchaus eine reelle Chance haben würde, den langen Grat und damit auch den Gipfel zu erklimmen und wieder zurückzusteigen. Ja selbst für einen Alleingänger könnte das möglich sein, wenn alle Details positiv zusammenwirkten.

Aber die beiden Männer waren – jeder in seiner Weise – angeschlagen. Die körperliche Kondition hängt bei jeder Höchstleistung wesentlich von der Gemütsverfassung, von einer Gelassenheit der Seele ab. Jede Bewegung wird verkrampfter und damit kraftraubender, wenn das innere Gleichgewicht fehlt und wenn die Partner sich auch nur im Kleinsten aneinander verschleißen, anstatt aufzubauen.

Willy hatte eine Bindehautentzündung und seine Augen tränten. Zweifellos eine mittlere Schneeblindheit, die sehr schmerzhaft war, wenngleich er noch etwas sehen konnte. Er hatte die Ersatzbrille mit Silberpapier so weit präpariert, dass sie genug Schutz bot und eine Verschlimmerung verhinderte.

Martin dagegen hatte sich körperlich verausgabt, auch wenn er dies weder sich und schon gar nicht dem anderen eingestand und auf seine bewährte Willenskraft vertraute.

Die Schier sollten nun jedenfalls am Ort zurück gelassen werden, auch das Zelt und einige Gegenstände sowie eine Ration der Nahrungsreserven. Diese waren sowieso weitgehend verbraucht, weil die Bergsteiger schon einen Tag länger als vorgesehen bis zu diesem Punkt unterwegs waren – was einer dem anderen wortlos anlastete.

Martin dachte bei sich, dass die Einschränkung der Sehkraft Willy eher zum Ballast als zum Helfer werden lassen könne und beschloss, während sie zusammen das Biwak vorbereiteten, in aller Frühe allein aufzubrechen. Willy spürte diese Absicht und bei der Vorbereitung des leichten Sturmgepäcks, in dem jeder wenigstens einen Teil des Kochgeschirrs übernehmen wollte, entnahm er in einem unbewachten Moment die letzte heimlich bewahrte Mineralwasserflasche unten aus Martins Rucksack und steckte sie in seinen.

In der Nacht kam Martin der Gedanke, Willy könnte in seiner Abwesenheit mit den Schiern abfahren und er ging unter einem harmlosen Vorwand nochmals hinaus und vergrub seine Bretter hinter einem Felsvorsprung.

Willy verbrachte eine schreckliche Nacht. Die schmerzenden Augen ließen ihn erst spät einschlafen und sein Herz pochte bis zum Hals. In wirren Träumen sah er sich allein in bebendem Sturm und immer wieder schreckte er hoch. Als er beim ersten Licht des Tages erwachte, stand Martin abmarschbereit vor dem Zelt. Willy sah durch nasse Augen nur dessen Umrisse und spürte, dass sie nicht besser geworden waren, wie er erhofft hatte. Erstmals begann er zu bitten, Martin möge doch bleiben oder ihn mitnehmen. Martin geriet ins Schwanken. So oft hatten

die beiden wie Pech und Schwefel zusammengehalten und er hatte seinen bewährten Kameraden ja gern.
»Soll ich deinetwegen auf den Gipfel verzichten oder sollen wir riskieren, es gemeinsam nicht zu schaffen, weil du nicht fit bist?« fragte er ratlos.
»Es gibt Gesetze der Kameradschaft, die man nicht brechen sollte, denk an unsere vielen gemeinsamen Touren«, flehte der andere.
»Willy, denk du daran, wie Heinrich, unser großes Vorbild, zitierte: ›Gesetze müssen hoch oben gar nicht gebrochen werden, weil es keine von Menschen gemachten Gesetze dort gibt.‹ Danach haben wir uns zu richten. Warte hier auf mich. Mein Erfolg wird ja am Ende auch der deine sein. Alles Gute. Ruh dich derweil gut aus.«
Er begann seinen Aufstieg. Außer dem pfeifenden Wind war das Wetter günstig.
Mit zusammengekniffenen Augen sah ihm Willy länger nach, dann raffte er sich auf, um ihm nachzusteigen. Bald jedoch musste er erkennen, dass er alleine tatsächlich nicht in der Lage sein würde, die Gipfeltour zu bewältigen und dass er in seinem Zustand Martin nun auch nicht mehr einholen könne.
Nach einer Weile fiel ihm ein, dass er doch die Mineralwasserflasche hatte, auf die Martin ja nun zweifellos angewiesen war, da er keinen vollständigen Kocher mit sich führte. Er rief ihm nach, aber der andere war schon zu weit entfernt und reagierte nicht, da auch der Wind die Worte nicht klar ankommen ließ.
Jetzt erst bemerkte Willy, dass die Schier fehlten. Sie waren doch fest verankert gewesen. Ihm wurde bewusst,

was geschehen war und er begann zu suchen, konnte sie aber nicht finden.
Langsam fand er wenigstens zu etwas Gelassenheit zurück, aß aus der letzten Kompottkonserve und zwang sich zu ein paar trockenen Keksen. Da ja nun auch er keinen brauchbaren Kocher hatte, teilte er sich die gebunkerte Flasche vorsichtig ein und reicherte seine Trinkration mit Tabletten an.
»Ich hätte Martin noch Glück wünschen müssen«, wurmte es ihn, aber dann fiel ihm die Sache mit den Schiern ein und sein Gewissen beruhigte sich wieder.
Er notierte alles sorgsam in sein Tagebuch und dachte dabei, dass die Veröffentlichung des ganzen Ablaufs doch einen recht kläglichen Eindruck machen müsse. »Wir werden einen Konsens finden, bei dem wir letztlich beide gut aussehen werden«, überlegte er und hoffte dabei, dass auch Martin mitspielen und sich den Gipfelerfolg nicht nur an die eigene Brust heften möge.
»Ohne mich wäre doch auch er nie zum jetzt anstehenden Erfolg gelangt, das muss er doch wohl anerkennen«, tröstete er sich mürrisch, nahm seine Augentropfen und konzentrierte sich nun ganz auf die Besserung seines Befindens. Traurig dachte er an den herrlichen Fernblick, den Martin nun nachmittags genießen, an die glanzvollen Fotos, die er wohl schießen würde und die niemals auf seinen kleinen Apparat gebannt würden.
Immer wieder suchten seine gequälten Augen die Route ab, die zum »Grat über den Weiden« hinaufführte, aber es gelang ihm nicht, Einzelheiten wahrzunehmen. »Die schönen Weiden, von denen man spricht, liegen doch

auf der anderen Seite unter der Südwestwand«, memorierte er und sank in Schlaf.
Es war schon später Nachmittag, als er erwachte und sparsam einen Schluck aus der Flasche nahm, denn auch in Ruhe quält dort oben der Durst.
»Wie wird das Martin aushalten«, schoss ihm durch den Kopf, »aber Martin ist zäh und er wird sich zu helfen wissen, Vitamintabletten im Schnee auflösen zum Beispiel, wie das andere auch schon in extremen Fällen gemacht haben. Bald wird er kommen.« Er sah auf die Uhr. Sie war stehen geblieben. »Egal, es wird etwa sechs Uhr sein nach dem Sonnenstand«, mutmaßte er nach der Schattenlänge.
Die Stunden vergingen und Martin ließ sich nicht blicken.
»Er hat eine Stirnlampe dabei und kann auch im Dunkeln noch in den eigenen Spuren absteigen«, beruhigte er sich erneut. Es fröstelte ihn und er zog sich in seinen Schlafsack zurück.
Die Nacht zog herauf und der inzwischen starke Tibetwind zerrte am Zelt. Willy aß ein wenig und machte sich Sorgen. Blinzelnd versuchte er die Sterne draußen zu beobachten, aber die Kälte trieb ihn wieder ins Zelt hinein. Mit einer Kerze gelang ihm, in der Blechtasse etwas Schnee zu schmelzen und er trank das bisschen angereicherte Wasser.
In der Todeszone, wie diese Höhen genannt werden, baut der Körper selbst in Ruhephasen, ja selbst im Schlaf ab und auch ein gut trainierter Mensch verbraucht seine Lebenskräfte, weshalb sie früher oder später zu Ende gehen.

Willy konnte keine Wärme finden und die wirbelnden Träume ließen ihn, kaum dass er eingenickt war, wieder hochfahren.
In der Morgendämmerung kroch er mühselig aus dem Wigwam. Von Martin keine Spur. Selbst die von gestern war verweht.
»Hat er sich womöglich verstiegen, verirrt? War er irgendwo eingeschlafen? Steinschlag, Absturz, Krankheit?«
Alle denkbaren Widrigkeiten schwirrten ihm durch den Kopf und mit aller Konzentration suchte er den Blick auf die denkbaren Trassen zu richten, nach einem Punkt, der sich vielleicht bewegen könnte. Nichts!
Seine Glieder schmerzten ihn. Er band sich seinen Schal vor den Mund, um die eisige Luft etwas erwärmter einzuatmen. Dann keuchte er und spürte einen Schmerz in der Brust.
»Willy, ich glaube, du bist höhenkrank«, sagte er zu sich und begann zu erwägen, alsbald abzusteigen, solange seine Kräfte dazu noch reichten.
»Und was ist, wenn nun Martin hier ankommt und mich nicht findet? Aber der weiß, wo die Schier sind und kommt viel schneller abwärts.«
Ihm war schwindlig und übel.
»Eine Stunde warte ich noch und schreibe«, nahm er sich vor.
Während er seine Notizen machte und litt, wurde ihm plötzlich im Herzen klar, welcher Unsinn es gewesen war, sich auf Heinrichs Zitate seines großen Vorbildes einzulassen und dass nun die Folgen daraus für beide wohl zur Katastrophe führen würden.

»Ohne diesen Irrsinn hätten wir viele Fehler nicht gemacht«, schrieb er nieder, »wir hätten Kräfte gespart und in bewährter kameradschaftlicher Hilfsbereitschaft unser Ziel sicher früher erreichen können. Meine Augen wären gesund geblieben und unsere Reserven hätten gereicht.
Wir hätten aufeinander Acht gegeben und vieles genießen können, was uns nun zur Tortur geworden ist. Vielleicht hätten wir den Gipfel erreicht, vielleicht auch nicht. Aber in jedem Falle hätten wir Freude gehabt und auch die Freude des anderen verspürt, wie schon so oft auf früheren schweren Wegen, die wir gemeinsam gemeistert haben.
›Kehrt mir gesund zurück‹, hätte Heinrich uns beim Abschied sagen müssen und ›haltet immer zusammen, das ist das wichtigste.‹
Die grimmigen Postulate seines Vorbildes, mag dieser noch so erfolgreich damit geworden sein, sie taugen nichts! Sie sind gefährlich für junge Menschen und ohne Sinn und wahren Inhalt. Die Eroberung – nein, erobern ist kein gutes Wort –, das Erreichen der Gipfel der Berge dieser Welt ist ein wunderbares Ziel, wenn der Mensch die richtige Einstellung dazu besitzt, wenn er sich nicht des Genusses durch Übereifer und brutalen Ehrgeiz selbst begibt und wenn er das Maß möglicher Opfer richtig wägt.
Eine kranke Seele und die mögliche Teilschuld am Tod des Freundes sind alle Berge der Welt nicht wert.
Dies lege ich meinem kleinen Sohn ans Herz, den ich vielleicht nicht wieder sehe und an den ich bis zum letzten Atemzug noch denken werde wie auch an meine

liebe Frau, die ich um Verzeihung bitte, dass ich sie so unnötig verlasse. Ich denke auch an Martins Frau, die mir auch vergeben möge.«

Es war ein Abschiedsbrief geworden, den er nun in Zellophan verpackte und in seinen Anorak schob.

Sein Atem rasselte. Taumelnd raffte er das Nötigste zusammen. Unter Martins Schlafsack fand er noch dessen Aufzeichnungen. Er las sie nicht und barg sie ebenfalls bei sich.

Dann begann er den qualvollen Abstieg. Auf allen Vieren und teils kraftlos rutschend versuchte er mit letzter Energie die Riesin zu verlassen, zu der er mit so viel Enthusiasmus hingezogen war. Ein Gefühl völliger Ohnmacht überkam ihn, als es Abend wurde.

In der folgenden Nacht ist er wohl gestorben. Zwei Teilnehmer einer späteren Expedition fanden ihn im Eis fast unverändert und man entnahm ihm die Tagebücher, aus denen sich der ganze Verlauf des Geschehens rekonstruieren ließ.

Martin wurde nie gefunden.

Rauhnacht

Die sicherste Befriedigung der Eitelkeit ist der Neid der anderen. Lob kann Täuschung sein, taktisch begründet, unzuverlässig. Aber der Neid anderer ist ein untrügliches Zeichen für den echten eigenen Erfolg.
Eine elegant gekleidete Dame wartet weniger auf die anerkennenden Blicke der Männer, deren Geschmack und Absichten sie sich nie ganz sicher sein kann. Nein, es sind die neidvollen Blicke der konkurrierenden Frauen, welche die gute Wahl des Frühjahrskostüms bestätigen.
Der Neid gehört zu den sieben Hauptsünden, fälschlich auch manchmal Todsünden genannt, was die Vorstellung erweckt, als seien dies besonders schwere Sünden. In Wahrheit aber sind es nur Basiseigenschaften, Quellen des Negativen, die sündhafter Art sind und die sich zu Schuld entwickeln können, wenn ihnen nachgegeben wird. So führte beispielsweise Kains Neid nicht zwangsläufig zum Mord an Abel, aber er war der Grund. Wohl dem, der beneidet wird, möchte man sagen, und wehe dem, der neidisch ist. Aber oft sind Beneidete gar nicht so glücklich und Neidische auch gar nicht so klug.
Die Schwester des kalten Neides, der mit der Farbe ›Gelb‹ verbunden wird, ist die rote, heiße Eifersucht. Für

sie wird im Allgemeinen viel mehr Verständnis aufgebracht als für den Neid, und in manchen Gesellschaften wird sie sogar als legitimes Motiv für einen Mord angesehen. Typisch neidische Menschen sehen meist etwas bitter und missmutig aus und sterben wohl eher an einem Magengeschwür als am Herzinfarkt.
So mancher wäre gerne beneidenswert und misst daran sein objektives Glück, ganz gleich, wie ihm dabei wirklich zu Mute ist. Das ist auch der Hauptgrund für jede Form der Angeberei, welche den Neid bei anderen billig hervorrufen will, ohne ihn erst mühsam erkämpfen, erleiden oder verdienen zu müssen. Die Geschichte zweier Bergbauern aus den oberbayerischen Alpen hat einen solchen Hintergrund.

Die beiden etwa gleich großen Katen standen jeweils allein etwa vierhundert Meter entfernt voneinander: der Wiesnerhof ein wenig höher an einem Latschenhang und der andere, der Galligerhof, auf der rechten Seite des Zufahrtweges in einer Felsenmulde.
Schindelbedeckt und mit Felsbrocken beschwert waren Häuser und Schuppen fast ganz aus Holz errichtet und hatten eine Konstruktion aus massiven Balken. Nur das Fundament, mit dem die Unebenheiten des bergigen Grundes ausgeglichen wurden, bestand aus zugehauenen Steinen und präzise geschichteten Platten.
Die Wiesners hatten sich fast ganz auf Schafzucht verlegt. Schafe bringen Wolle, Fleisch und Lämmer für folgende Generationen und nur im schneereichen Winter müssen sie mit Heu gefüttert werden, welches im Som-

mer mühsam von den Hängen eingebracht wird. Der alte Galliger setzte mehr auf Vielfalt und hielt neben anspruchslosen Ziegen auch Kühe, die zwar mehr Arbeit machen, aber auch mehr einbringen können. Reichtum war in dieser Gegend nirgends angesagt, aber man hatte sein Auskommen, und die Tiere waren in der kargen, aber gesunden Natur kaum von Krankheit oder gar Seuchen bedroht.

Beide Familien hatten je einen Sohn im gleichen Alter und es war nur natürlich, dass die beiden miteinander zur Schule gingen und danach auch in der gleichen Gebirgsjägerkompanie ihren Dienst taten. Den ersten Weltkrieg überstanden sie mit harmlosen Verwundungen und gingen danach bei jeder sich bietenden Gelegenheit gemeinsam auf ausgedehnte Touren in die nahen und auch etwas ferneren Berge.

Es war die Zeit der Gipfelsiege und Wanddurchsteigungen in allen Regionen der Welt, aber für spektakuläre Expeditionen fehlte den beiden das Geld, und auch die Pflichten im heimischen Gefilde ließen es nur eine kurze Weile zu, sich ein paar Groschen als Bergführer zu verdienen.

Nach dem Tod seines Vaters übernahm Kurt Galliger den kleinen Hof und heiratete Waldburga, genannt Walli, aus einem der tiefer gelegenen Weiler – nicht gerade zur Freude seiner Mutter, weil sie »nix mitbringt«. Aber das stimmte nicht, denn mit ihrer Mitgift konnten im Lauf der Zeit immerhin das Haus renoviert, drei Zimmer für Sommer- und Wintergäste ausgebaut und

der zuvor kaum genutzte Wohnraum zur Vesperstube umfunktioniert werden.
Was die erwarteten Gäste betraf, so ließen diese trotz des allgemein zunehmenden Tourismus auf sich warten und es verirrten sich nur selten welche in das kleine Hochtal, denn damals wurden nur Gegenden für luxuriöse und spektakuläre Aufenthalte besucht. Die alternde Mutter sah sich deshalb bestätigt in ihrer pessimistischen Vorhersage und fand das gute Geld verschwendet. Unter ihrem Einfluss waren für etwaige Gäste deshalb die Wohnverhältnisse und angebotenen Mahlzeiten so unwirtlich, dass kein Gast ein zweites Mal hereinschauen wollte.
Auch Franz Wiesner hatte inzwischen geheiratet. Bärbel kam von etwas weiter her und brachte weit weniger in den Hausstand mit als Walli, aber viel Tüchtigkeit und ein stets heiteres Wesen.
Zur sonntäglichen Messe, die damals keiner versäumen durfte, wenn er denn etwas auf sich hielt, mussten die Anwohner des schmalen Tales über einen Grat ins Dorf steigen – eineinhalb Stunden dauerte der Weg zur Kirche. Danach trafen sich die Frauen im kleinen Klosterhof zu einer Kaffeerunde und viel Geschwätz, während die Männer im Wirtshaus »zur Gams« einen tranken und oft nicht viel weniger als ihre Frauen schwatzten. Es ging dabei um Kleinpolitik und Preise, aber nicht selten auch um Erfahrungen und Erlebnisse. Kurt Galliger führte dabei meist das Wort und schwadronierte über seine Routenbegehungen und Gipfelbezwingungen, wobei den anderen ganz schwindlig wurde. Franz Wiesner blieb

derweil ruhig, machte allenfalls mal eine kleine Handbewegung oder nickte langsam mit geschlossenen Augen, wenn Kurt ihn zu einer Bestätigung aufforderte.
In Wahrheit war Franz stets der Beherztere bei den gemeinsamen Touren gewesen, der Führende sozusagen, und gelegentlich hatte nur er eine Wand bezwungen oder einen Gipfel erreicht, während Kurt sich mit Ausreden und weniger Erfolg hatte zufrieden geben müssen. Dies war inzwischen auch den meisten Dorfbewohnern bekannt geworden. Franz genoss den Ruf eines hervorragenden Bergführers, weshalb er immer wieder zwischendurch für unterschiedliche Unternehmungen gefragt war und damit gutes Zubrot dabei verdiente.
Kein Wunder also, dass Kurt diesen Mangel durch Aufschneiderei wettzumachen suchte. Im Gegensatz zur heimischen Küche, wo seine Frau ihm jede Darstellung abnahm, wurde am Biertisch des Öfteren fast hämisch gelächelt. Das verdross Kurt natürlich, weshalb er auf dem gemeinsamen Heimweg mit den Wiesners meist schweigend vor seiner Walli herstapfte, während sich die beiden anderen lustig neckten. Doch all dies hielt sich noch im üblichen Rahmen des Miteinanders und jeder konnte damit leben.
Da die Wiesnereltern fleißig und sparsam gewesen waren, konnte sich auch Franz schließlich Gästezimmer leisten, nebst einer gemütlichen Essstube. Um seiner Absicht nachzuhelfen, Urlaubsgäste in sein kleines Hotel zu locken, machte er im Gemeindeblatt, das in der ganzen Gegend gelesen wurde, mit Inseraten Reklame und informierte auch das neu errichtete Verkehrsbüro in der

Kreisstadt. In mühevoller Arbeit schaufelte er den Anfahrtsweg breiter und bequemer und forderte Kurt dazu auf, ihm seinerseits abwärts behilflich zu sein, aber dieser sah da wenig Sinn darin. »Wenn ana kemma wui', nacha rumpelt der scho' her bis zu mir«, war seine muffige Antwort. Auch die Aufforderung, bei den Werbeaktionen mitzumachen, wies Kurt ebenso kopfschüttelnd ab wie jede andere Beteiligung an Kosten und Arbeit. Der Geiz ist der nahe Verwandte des Neides und nicht selten dessen Vorbote.

In der Folgezeit veränderte sich die Lage. Immer häufiger kamen Autos und gelegentlich sogar bestellte Pferdewagen, die das genau beschriebene ›Jägerhüttl‹ des Franz Wiesner aufsuchten und an Kurt Galligers Anwesen vorbeifuhren.

»A Glick, dass des die Mama net erleb'n muass« meinte der, aber er litt nicht weniger, als die mittlerweile Verstorbene gelitten hätte. Auch Walli klemmte die Augen zusammen, wann immer ein Fahrzeug vorbeifuhr oder Wanderer die Strecke zu Fuß weitergingen. Einmal blieben zwei für eine halbe Stunde im ›Fuchslöchl‹ hängen, wie Kurt nun sein Häusel nannte, aber die packten selbst mitgebrachten Schinken und Käse aus – und Walli packte dabei die Wut. Das Schild mit ihrem eigenen Hinweis für Gäste rückten sie nun so weit in den Weg, dass es aussehen solle, als sei dies die Endstation, aber selbst das nutzte nichts, sie hätten schon eine Barriere errichten müssen. Für die Kirchgänge nahmen die Galligers nun einen Umweg, nur um den Wiesners nicht zu begegnen, und in der Wirtschaft schämte sich Kurt nicht, über Franz negative Bemerkungen bezüglich gemeinsamer Erlebnisse aufzutischen, was den allerdings wenig kümmerte. Mehr und mehr kroch der Neid durch das ›Fuchslöchl‹ und die beiden Wirtsleute hatten kaum mehr ein anderes Gesprächsthema, als ihrem Ärger über den sichtbaren Erfolg der Wiesners Luft zu machen, und so kam es, dass sie am Ende kaum mehr an das eigene Weiterkommen als vielmehr an den Niedergang der Nachbarn dachten und wie dies zu besorgen sei. Ernsthafte Wortwechsel oder gar Grobheiten wagte Kurt nicht, er wusste um die Schlagfertigkeit des Franz in jeder Hinsicht und außerdem hätte es nichts gebracht als die Mehrung des eigenen Ärgers.

Als dann die Wiesners im verschneiten Winter auch noch einen eigenen Schlitten und zwei kräftige Haflinger kauften, um Gäste unten im Tal abzuholen, und das schmucke Gespann mit leichtem Glöckchenklang an Kurts Kate vorbeiglitt, nahm der Ärger noch zu. Zu allem Überfluss warteten die Bergler in der Wirtsstuben noch mit ironischen Fragen und Sticheleien auf, wie denn die Wirtschaft in seinem ›Fuchslöchl‹ so liefe. Da kamen dem Kurt immer bösere Gedanken, wie er es bewerkstelligen könne, um dem Nachbarn das Geschäft nachhaltig zu verderben.

Einmal fällte er eine etwas abwärts gelegene Tanne, dass sie über dem Weg zum Liegen kam, um den abends heimkehrenden Franz auf seiner Auffahrt mit seinen Besuchern zu behindern. Aber dieser hatte mit jenen gemeinsam das Hindernis schnell weggeräumt und man hatte noch seinen Spaß dabei gehabt. Obendrein hatte die Walli ihn wegen der Harmlosigkeit seiner Mühe verspottet.

»Am liabst'n dat i eam sei' Heis'l o'zinten!«, hatte er daraufhin gebrüllt und Walli dazu nur genickt und gemeint: »Mach's doch, wenn's di traust.« Darauf hatte ihr Kurt erklärt, dass dies ein schweres Verbrechen sei, welches mit vielen Jahren Zuchthaus bestraft würde und dass man da neben aller Vorsicht in der Durchführung vor allem auch ein Alibi brauche. Denn der Verdacht fiele doch wohl zuallererst auf ihn als Nachbar.

Der Gedanke ließ ihn jedoch nicht los und er besann sich auf seine Zeit als Gebirgsjäger, in der häufig mit Zündschnüren zeitverschobene Explosionen an Feindstellungen durchgeführt worden waren. Dabei hatte man sich auch gelegentlich einer Kerze bedient, sodass die angebrachte Mine erst nach deren Niederbrennen in die Luft gegangen war.

Wenn ihm so eine Konstruktion gelänge, könnte er sich zum Zeitpunkt des berechneten Brandausbruchs weitab des Geschehens in der Wirtschaft aufhalten, wo ihm genügend Zeugen seiner Anwesenheit zur Verfügung standen. Wo aber sollte er das notwendige Material hernehmen? Über Kerzen verfügte er, aber eine Zündschnur würde nicht leicht zu besorgen sein. Er entsann sich der Jagdmunition seines Vaters, die er beim Umbau auf dem Speicher entdeckt und verwahrt hatte. Aus dem Pulver der Patronen konnte sicher eine funktionierende Zündleitung gebastelt werden.

Gleich am nächsten Tag begann er mit den Vorbereitungen. Wohl war ihm nicht dabei, denn es liegt stets noch ein weiter Weg zwischen dem bösen Wunsch und seiner Umsetzung in die Tat, aber Walli hing mit so grimmiger Freude an seinem Vorsatz, dass sich seine Hemmungen immer mehr verflüchtigten.

In der eisig kalten Silvesternacht schienen Kurt dann alle Voraussetzungen günstig für den hinterlistigen Plan. Im Wiesnerhof war man sicher mit lautem Feiern beschäftigt, das half bei seinen Vorbereitungen am dortigen Stadel. Und sein späteres Erscheinen im Wirtshaus auf der anderen Kammseite würde keine erstaunten Fragen auslösen, denn er war zwar ein seltener Gast, aber in einer Rauhnacht zum Jahreswechsel würde seine Anwesenheit durchaus nicht ungewöhnlich erscheinen.
Mit Rucksack und Bergstock begab er sich auf den Weg. Er hatte einen weit ausholenden Umweg vorgesehen, den er sonst nie gehen würde, um jeden Zufall einer Begegnung auszuschließen. Von weit oben ging er vorsichtig über den hart gefrorenen Schnee den Latschenhang abwärts, wobei er hinter sich einen größeren Zweig herzog, um seine oberflächliche Spur zu verwischen.
Die mittelgroßen Hütehunde der Wiesners waren, wie er richtig vermutete, im Schafstall. Schon von einiger Entfernung hörte er in der Gaststube eine Zither spielen und dazu lautes Singen und Lachen, weshalb die Tiere seine behutsame Annäherung nicht wahrnehmen konnten.
Der Heustadel stand schräg oberhalb des Hauses und die Ställe schlossen unterhalb an diesen an. Es war anzunehmen, dass der Brand alle nahe zusammenstehenden Gebäude schließlich erfassen würde. Um für das Heu die

notwendige Belüftung zu gewährleisten, war der Stadel zum Hang hin nur mit aufrechten Staketen begrenzt, durch deren knapp handbreite Lücken Kurt seine Zündleitung einführen wollte. Zwar lagerte dort unvorhergesehen Brennholz, welches über einen Meter aufgeschichtet war, aber das kam seinem Vorhaben eher entgegen. Dort konnte er nämlich die Kerze befestigen, an deren unterem Teil er Pulver eingefüllt hatte. So musste es zur Auslösung des Zündvorgangs kommen, sobald die Flamme das Wachs so weit abgeschmolzen hatte. Die Schnur war daran geklebt und das andere Ende steckte er durch einen der senkrechten Schlitze ins trockene Heu samt einem kleinen Säckchen zusätzlichen Pulvers als Brandbeschleuniger.

Da völlige Windstille herrschte, benötigte die kleine Flamme keinen Schutz und brannte ruhig, als er sich wieder von dannen schlich, um schräg entlang in weitem Bogen zur anderen Seite des schmalen Tales zu gelangen. Dort musste er nun in größere Höhe aufsteigen, um jenseits in der Senke das Dorf zu erreichen. Dieses Gelände lag eine gute Strecke weit von der üblichen Passage entfernt und dazwischen ragte ein Felsgrat.

Mehrmals hatte Kurt zu Hause eine der Kerzen abbrennen lassen, um feststellen zu können, wie viel Zeit ihm blieb, um bei Ausbruch des Brandes schon eine geraume Weile harmlos am Wirtstisch zu sitzen. Gute drei Stunden hatte er für den weiten Umweg veranschlagt und wollte um Mitternacht drüben eintreffen, wo das Gejohle zum Jahreswechsel seinen Höhepunkt erreicht haben würde.

Aber obschon er alles bis ins Kleinste berechnet hatte, überkam ihn jetzt doch eine große Nervosität, und nach innerer Hektik bei der Tatausführung machten sich nun auch Skrupel und sogar Reue bemerkbar, als er über sich den ewigen Sternenhimmel sah und dadurch plötzlich lästig an seinen Schöpfer erinnert wurde.
Beinahe wollte er schon umkehren und die Unglück bringende Vorrichtung wieder abbauen. Aber dann sah er den hämischen Blick seiner Frau vor sich, die nickend daran erinnern würde, dass sie sich das gleich gedacht und immer schon gewusste habe, dass er ein rechter Hasenfuß sei. Immer wieder hoffte er, dass auch sie vielleicht froh wäre, wenn das Verbrechen nicht stattfände. Aber inzwischen war er schon auf der anderen Talseite angelangt und konnte von Ferne Franzens Anwesen sehen, woher friedlich das Licht aus den Fenstern herüberschien. Ginge er jetzt zurück, wäre es womöglich zu spät, er stünde dann gar offen als Täter vor dem Desaster. Er musste sich auf sein Zeitgefühl verlassen, denn eine Armbanduhr besaß er nicht und die Taschenuhr lag zu Hause in der Vitrine.
Noch nie hatte ihn eine Tour so angestrengt, wobei sein Herz ihm bis zum Halse schlug. Er kam außer Atem, als er zum Felsgrat hochstieg, der die Schwelle zum nächsten Tal bildete, welches er auf dem gewohnten Weg viel näher und leichter hätte erreichen können, wie ihm jetzt bewusst wurde. Er hatte alles perfekt machen wollen, doch der gewählte große Umweg war mehr instinktiv als wohl überlegt gewesen.
Es herrschte eisiger Frost und jeder Tritt in den Schnee

mit seinen abgetragenen Stiefeln knirschte. Längst verwischte er seine Spuren nicht mehr, da hier kein Mensch danach suchen würde und jetzt brauchte er beide Hände zum Klettern für den letzten Anstieg bis zur Kuppe. Vor Langem war er einmal mit Franz hier gewesen aber das Gelände kam ihm jetzt bei Nacht kaum mehr bekannt vor. Der Mond war bereits untergegangen und nur das schwache Licht der Sterne, das sich in Millionen Schneekristallen brach, wies ihm noch nahe Bereiche.
Wie weit war es denn noch bis zu dieser verdammten Anhöhe?
Hatte er sich womöglich verstiegen? So steil war es doch damals nicht gewesen.
Hörte er nicht vom fernen Kirchturm schon das Zwölfuhrschlagen? Machten die vielleicht dann schon in einer Stunde die Wirtschaft zu, noch bevor er sie erreichte?
»Ach wo«, dachte der Kurt dann wieder, »es kann kaum elf Uhr sein und drüben komm ich abwärts schneller voran.« Andauernd brach ihm der Schweiß aus und gleichzeitig fror es ihn arg an den Fingern, da er die Fäustlinge in den Rucksack gepackt hatte, um sicherer klettern zu können. Plötzlich stieß er sich schmerzhaft das Knie an, und da er im Reflex mit der einen Hand danach griff, konnte er mit der anderen sein Gewicht nicht mehr halten. Er fiel nach einem kurzen Schrei heftig mit dem Oberkörper zur Seite, während sein rechter Fuß in einer kleinen Spalte hängen blieb. Dabei überdehnte sich das Bein in der Körperdrehung, bis der Schuh endlich nachgab und er kopfüber abrutschte. Nach guter Strecke blieb er an einem kleinen Vorsprung hängen und konnte sich

mühsam zurechtdrehen. Er bemerkte sofort, dass ihm das Bein nicht mehr gehorchte und schlaff im Hosenbein hing. Es musste unterhalb des Knies gebrochen sein. Der übliche Schock ließ anfangs nicht viel Schmerz zu.

»Alles aus!«, durchzuckte es ihn, und verwirrt konnte er zuerst kaum einen zusammenhängenden Gedanken fassen, geschweige denn eine Entscheidung treffen. Nun ging es nicht mehr um ein sinnvolles Alibi, sondern um sein Leben.

Den Bergstock hatte er im Felsbereich hinten an den Rucksack gebunden und er schaffte es nicht, ihn zu fassen, um sich damit wenigstens abstützen zu können. An ein Weiterklettern war selbstverständlich nicht mehr zu denken. Allenfalls könnte er mühselig zurückrutschen und mit größter Anstrengung auf allen Vieren in Stunden vielleicht sein Haus erreichen. Eine lähmende Müdigkeit übermannte ihn. Alles erschien ihm wie ein schrecklicher Traum.

Er versuchte, seine starr gefrorenen Hände zwischen den Schenkeln zu wärmen, während die Kälte über die bereits gefühllos gewordenen Füße in ihm hochkroch. Um Hilfe zu rufen hatte er keinen Moment erwogen. Wer sollte ihn denn hören? Allenfalls der Franz, wenn der bei völliger Ruhe im Haus vor seiner Kate stünde. Weit unter sich im Tal konnte er noch gut die Lichter des Wiesnerhofes sehen. Ach ja, da musste es ja wohl alsbald zu brennen beginnen.

Inzwischen hoffte er zu Gott, dies würde doch bitte nicht geschehen. Immer klarer stand ihm vor Augen, dass er kaum eine Überlebenschance hatte und er wollte nicht mit der Belastung dieser abscheulichen Tat ins Jenseits gelangen. Die Verletzung des Beines hatte Blutgefäße zerstört und dies trug zusätzlich zu seiner Unterkühlung bei. Er zitterte am ganzen Leibe, aber seltsamerweise empfand er kaum Todesangst, wie das fast immer bei Erfrierenden der Fall ist, weil die langsam schwindenden Lebensgeister auch die natürlichen Abwehrmechanismen reduzieren.

Auf einmal hörte er ein fernes Knallen und die Glocken von St. Peter im jenseits gelegenen Dorf drangen in leichten Schwingungen an sein Ohr. Es musste jetzt Mitternacht sein und die Leute ließen ihre Kracher los. Bei Franz war jetzt etwas mehr Licht zu sehen, aber kein Feuer.

»Ich bin das Opfer meines entsetzlichen Neides geworden«, erkannte er. »Gebe Gott, dass mein Plan misslingt«, betete er voll Inbrunst und spürte, dass er sich nicht mehr gegen ein übermächtiges Schlafbedürfnis wehren konnte.

Am nächsten Morgen lief Walli erregt im Hause umher. Ihr Mann war nicht heimgekommen und das schien ihr völlig unverständlich. Voll Sorge fütterte sie das Vieh und richtete sich zum Kirchgang für den Neujahrstag.

War er erwischt worden?

Hatte er drüben die Nacht durchgemacht?

Von einem Brand hatte sie nichts bemerkt. Schließlich nahm sie den üblichen Pass über den Hügel und sah ein gutes Stück des Weges vor sich auch die Wiesners zur Messe gehen.

Nichts schien also passiert zu sein. Sie dachte, ihr Kurt würde wohl vom Plane Abstand genommen haben und nun mit einem Rausch irgendwo im Dorf verblieben sein, obschon dies nicht seine Art war. Die Kirche war voll, aber nirgends war ihr Mann zu sehen, und in den Gesprächen danach neben dem kleinen Friedhof erwähnte kein Mensch einen Brand. Die Wiesners schienen ganz zufrieden und grüßten sogar mit leichtem Kopfnicken.

Also war nichts geschehen, und sie überlegte nun, dass es wahrscheinlich unnatürlich und sogar auffällig wäre, wenn sie das Fehlen ihres Mannes nicht meldete. Sie sprach den Pfarrer an, als dieser schließlich aus der Sakristei trat und erzählte, ihr Mann sei spät abends noch zur Wirtschaft aufgebrochen und nicht zurückgekehrt.

»Liebe Frau Galliger«, meinte der Geistliche gelassen, »der wird halt einen übern Durscht g'soffen haben.« Und sie solle ein wenig herumfragen, es werde sich schon alles klären. Danach traf sie den Ortsvorsteher, der den Jahreswechsel am Wirtstisch verbracht hatte und versicherte, Kurt dort nicht gesehen zu haben.

Nun wuchs doch die Sorge in ihr und sie beauftragte ein paar Männer, sich auf die Suche im Bereich der beiden möglichen Wegstrecken zu begeben. Im Laufe des Tages schlug das Wetter jedoch um und ein immer stärkerer Schneefall setzte ein.

Im Gebirge schneit es meist heftiger als in der Ebene, und so wurde der Körper des inzwischen erfrorenen Kurt an dem entlegenen Hang bald völlig mit Schnee bedeckt.

Sein letzter Wunsch war in Erfüllung gegangen. Ein Holzscheit war zufällig auf die hängende Zündschnur gerutscht und hatte sie aus dem Ziel im Heu gezogen, weshalb das Feuer nach Abbrennen der Kerze am anderen Ende keine Nahrung gefunden hatte und erloschen war.

Es war dann zwei Monate später ausgerechnet Franz Wiesner, der den vermissten Toten fand. Der Schnee war stark geschwunden und er beobachtete, wie es seine Gewohnheit war, mit seinem Jagdglas die weite Umgebung. Da sah er einen ungewohnten dunklen Fleck hoch oben im Firn und vermutete eine verendete Gams. Als er dann mit zwei durch Sprossen verbundenen Stangen hinaufstieg, um das Tier damit herabschleifen zu können, stieß er auf seinen früheren Kameraden, der dort durch die Kälte fast unversehrt lag. Und so transportierte er ihn nicht ohne Trauer hinab ins ›Fuchslöchl‹ zur Walli.

Noch Jahre danach rätselten die nahen und ferneren Bewohner, weshalb der Mann in der Rauhnacht diesen seltsamen Weg gegangen war. Nur die Walli wusste um das Geheimnis, und hätte sie nicht nach vielen Jahren einer »diskreten« Freundin den eigentlichen Hergang erzählt, wäre diese Geschichte niemals bekannt geworden.

Wer überlebt?

Von Sokrates wird behauptet, er habe den Satz gesagt: »Was immer du auch tust, du wirst es stets bereuen!« Mit einiger Lebenserfahrung wächst das Bedürfnis, diese Aussage zu ergänzen: »Was immer du auch lässt, du wirst es ebenso bereuen.«

Auch das Nichthandeln setzt eine Entscheidung voraus und kann in manchen Situationen richtig oder auch falsch sein. Es ist wohl letztlich vor allem eine Frage des Temperaments und des Charakters, wann und wie man sich aktiv oder passiv verhält. Der spontane Typ will bestehende Probleme aktiv angehen und muss handeln. Aber in manchen Situationen mag es auch vorteilhafter sein, stoisch abzuwarten, wie sich die Gegebenheiten von selbst günstiger entwickeln.

An kaum einem Ort der Welt sind die Bedingungen so vielfältig und gefahrvoll wie im Gebirge. Früher erkundete man den möglichst einfachen Weg, um Berge – wenn überhaupt – zu überqueren, man suchte die Furt eines Flusses oder einen Pass zwischen den Gipfeln. Auf diese wollte lange Zeit niemand wirklich steigen.

Inzwischen hat sich das völlig verändert. Der von moder-

ner Zivilisation beherrschte Zeitgenosse sucht sportliche Betätigung und Freude im Gebirge. Er hat dafür eine große Anzahl unterschiedlicher Methoden der Fortbewegung entwickelt, die Unterhaltung bereiten, ohne dabei allzu viel Mühe aufwenden zu müssen. Denn das Vergnügen soll dabei stets im Vordergrund stehen, nicht aber die Anstrengung oder gar das Risiko.
Klettersteige wurden angelegt, fixe Seile befestigt, immer bequemere Hütten gebaut und vor allem Bahnen, Gondeln und Lifte errichtet, welche das Problem des eigentlich notwendigen Kraftaufwands lösten: die Überwindung der Schwerkraft in der Vertikalen.
Wer steigt heute noch mit geschulterten Schiern auf verschneite Berge? Man fährt mit dem Auto zur Talstation und setzt sich in eine Kabine, die einen in höhere Gefilde trägt, wo ein ganzer Zirkus an unterschiedlichen Liften durch geschlagene Waldschneisen zu präparierten Pisten führt. In Gipfelnähe warten Buden mit Bier und Bratwürsten auf die Hungrigen und Liegestühle auf die Blassen, die hoffen, ein sportliches Braun von der Wintersonne zu erlangen. Dann geht's immer auf und ab mit den modernen Kunstbretteln, in deren Bindung man klickend einsteigt und die sich mit einem Stockstich so öffnen lassen, dass man sich nicht einmal mehr zu bücken braucht.
Die Tageskarte muss natürlich ausgenutzt werden – teuer genug ist sie eh –, und so steht man oft in langen Schlangen, um endlich wieder in den luftig baumelnden Sessel zu kommen, dessen Halterung an den Masten mit leichtem Klappern über die Walzenräder gleitet.

Gute Technik, gut organisiert, gutes Geschäft. Geregelte Zeiten, wann der Zirkus beginnt und wann er endet. Voraussetzung für einen einwandfreien Ablauf ist allerdings ein zuverlässiges Personal und vor allem auch ein stets passendes Wetter. Schneefall, Sturm oder Nebel beeinträchtigen das heitere Unternehmen entscheidend und zwingen manchmal sogar zur völligen Einstellung des Betriebs. Und dann sind die Berge ganz plötzlich wieder voller Gefahren.

An einem schönen, kalten Januartag fuhren zwei Freunde, Walter und Max, in die bayerischen Alpen zum Schifahren. Sie studierten in München, waren beide etwa fünfundzwanzig Jahre alt und geübte Wintersportler. Sie wollten das herrliche Wetter und die reichlichen Schneeverhältnisse nutzen, denn die Vorhersage für die folgenden Tage war schlecht und da lässt man gerne mal ein paar Vorlesungen an der Uni ausfallen. Wie üblich fuhren sie mit Walters Wagen und standen bereits nach einer guten Stunde an der Talstation des Doppelsitzliftes. Das Schigebiet war ihnen wohl bekannt, denn sie hatten diesen Ausflug schon häufiger unternommen, und so lief alles in gewohnter Manier ab. Schon bald hatten sie die ziemlich lange Lifttrasse das erste Mal hinter sich, tranken am Stand der oberen Station eine Cola und wedelten die gut präparierte Piste genussvoll hinab, da am Werktag nicht allzu viele Touristen unterwegs waren.
Am Nachmittag wurde der Himmel etwas dunstig, Schäfchenwolken standen im Westen und die Sonne umgab ein hell schimmernder Reif. Allzu lange mochte

das gute Wetter nicht mehr halten, aber noch lief alles bestens und die beiden jungen Wintersportler sahen ihre Tageskarte bestens genutzt, denn unten stand nun kein Mensch mehr an. Also schnell nochmals durch das schmale Gatter an den Durchlass auf die Sitze und schon ging es wieder hinauf. Die ersten einigen Hundert Meter hingen sie nur knapp über dem Boden in der steilen Waldschneise, als der Lift stehen blieb. So etwas kommt öfter mal vor, und nach wenigen Minuten fuhr er mit einem kleinen Ruck wieder an. Nach dem Hauptmast über dem Wald ging es über eine tiefe Senke zum nächsten Mast und der Lift hielt erneut an, als sich der Sessel gerade darüber befand.

Das Wetter hatte sich kurzfristig völlig verändert. Der leichte Wind entwickelte sich zusehends zum heftigen Sturm, der die beiden hin- und herschwanken ließ und Graupelschnee prickelte auf ihre Gesichter, sodass sie die Kapuzen aus den Anoraks hervorholten. Es war nun etwa viertel nach Vier und im tiefen Winter beginnt um diese Zeit bereits die Dämmerung, die durch immer dunkler werdende Wolken umso schneller heraufzuziehen schien.

Die jungen Männer fingen trotz ihrer modernen Schibekleidung an zu frieren und der rechts sitzende Walter hatte sich schweigend zusammengekauert. Max jedoch wibbelte nervös herum, als nach weiteren zehn Minuten der Lift immer noch stillstand.

»Wir sollten etwas unternehmen«, stieß er den Kameraden an.

»Was denn?«, murmelte dieser achselzuckend. Seine

Nase tropfte und er barg die Hände verschränkt unter den Achseln.
Plötzlich begann Max laut »Hallo!« zu rufen, aber er hatte das Gefühl, dass der Schall sich in den Schneewolken verfing. Nochmals schrie er lauter und schließlich war es nicht mehr »Hallo!«, sondern »Hilfe!«.
»Von hier hört dich doch kein Mensch«, meinte Walter leicht gereizt, »wir müssen einfach abwarten, bis der technische Fehler behoben ist, dann geht es schon wieder weiter.« Er bemühte sich um eine beruhigende Stimme, obschon ihm nicht wohl dabei war.
»Und wenn die da unten den Betrieb einfach eingestellt haben? Wenn sie uns vergessen haben?« Max schlug die Arme um die Schultern, dann rieb er seine Knie und Unterschenkel, um der aufsteigenden Kälte entgegenzuarbeiten. »Die Nacht können wir hier nicht verbringen, das halten wir nicht durch.«
»Ach, sei nicht so pessimistisch, hier wird man nicht vergessen. Wenn sich das Problem nicht bald lösen lässt, holen die uns ab.«
»Und wie bitte sollen die uns hier herunterholen?« Max sah nach unten. Es mochten fünfzehn bis zwanzig Meter sein, vielleicht etwas mehr oder weniger, jedenfalls tief genug, um sich die Knochen zu brechen. Die Konturen waren schon nicht mehr genau zu erkennen, aber es war kein reines Schneefeld und das Gelände auch nicht abschüssig, sodass der Aufprall wie nach einem Schanzensprung hätte abgefangen werden können. Unter der Schneedecke konnte sich so manches verbergen, vielleicht sogar Felsen.

Die Überlegung, an der Halterung nach oben zu klettern und sich am Stahlseil bis zum nächsten Eisenträger vorzuhangeln, musste ebenfalls sofort verworfen werden. Diese Zirkusnummer würde enorme Kraft erfordern, teilweise wäre es gar aufwärts gegangen, weil das Seil in einem Bogen durchhing. Sollte der Lift nun doch noch weiterfahren, wäre man hoffnungslos verloren.
»Ich springe ab.«, sagte Max trocken, »Wenn da wer kommt, um uns zu holen, können sie mich dann jedenfalls leichter bergen.«
»Du wirst tot sein oder wenigstens schwer verletzt, wenn du aufkommst.« Walter blickte kurz nach unten und kauerte sich wieder schlotternd zusammen.
»Wenn ich noch länger warte, könntest du Recht behalten, weil ich dann völlig steif bin.«
Max war nun wirklich zum Absprung entschlossen und begann, sich jede Einzelheit zu überlegen. Zuerst wollte er die Schier loswerden, denn wenn diese unten mit ihm tief eintauchten, könnten sie ihn behindern und ihm jede Bewegungsfreiheit nehmen. Aber schon das Lösen der Bindung war in seiner Position nicht einfach. Wenn er die Sicherheitsstange vor seinem Körper wegklappte, um sich vorbeugen zu können, bewegte sich damit auch der kleine Steg, auf den sich die Füße stützen konnten, nach außen und die Beine hingen ohne Widerstand in der Luft, sodass sich die Bindung mit der Stockspitze an der Ferse nicht öffnen ließ. Seine Anstrengungen ließen ihn ein wenig die Kälte vergessen und schließlich schaffte er es nach mehreren Versuchen.
Er wollte die Bretter etwas abseits werfen, um sich nicht

bei der Landung an ihnen verletzen zu können. Auch das gelang ihm. Die erleichterten Beine hatten nun wenigstens mehr Spielraum und auch die Schenkel konnten nun leichter auf und ab bewegt werden, was auch die Zirkulation des Blutes verbesserte.

Max überlegte nun, wie er die Distanz nach unten wenigstens verkürzen könnte. Jeder Meter zählte. Die Stöcke konnte er aneinander hängen und sich ein Stück an ihnen ablassen. Da fiel ihm ein, dass die Schlaufen daran inzwischen so konstruiert waren, dass sie sich bei stärkerem Zug öffneten, um Handverletzungen bei einem Sturz in der Abfahrt zu vermeiden. Diese Vorrichtung verklemmte er nun in den Falzen mit Geldstücken, während er keuchend die Handschuhe zwischen den Zähnen hielt.

Der Sturm hatte nachgelassen und es schneite jetzt ruhiger, aber die Kälte nahm empfindlich zu und es schien völlig unmöglich, hier über die Nachtstunden auszuharren.

Walter brütete stumm vor sich hin. Die wiederholte Aufforderung durch Max, doch auch den vielleicht rettenden Sprung zu wagen, beantwortete er nur mit leichtem Kopfschütteln.

»Walter, ich binde einen Ärmel meines Anoraks an der Fußstütze fest und knüpfe an das andere Ende die Stöcke, auch deine. Lässt du sie mir?« Walter nickte schweigend. »Wenn ich unten bin und rufe, binde bitte den Ärmel los – oder versuch auch, herunterzukommen!«

Max fixierte auch die Handschlaufen der anderen Stöcke und knotete schnaufend mit klammen Fingern alles wie

geplant zusammen, wobei er nun auch noch die wärmende Jacke dem Hilfsprojekt in die Tiefe opferte.
»Walter, schlaf nicht ein! Bitte! Wenn ich es schaffe, bringe ich Hilfe. Ich muss es jetzt versuchen, bevor ich vor Kälte erstarre und der letzte Schimmer des Tages verschwindet. Gib mir die Autoschlüssel, dort haben wir noch Kleidung und eine Decke.«
Walter zog einen Handschuh aus und kramte den Schlüssel hervor. »Es hat keinen Zweck«, sagte er. »Du brichst dir den Hals.«
»Vergiss nicht, du musst das abknoten, wenn ich unten bin, ohne Anorak hab ich auch unten keine große Chance.«
»Schon gut, viel Glück!« Walter sah mit großen Augen auf seinen Freund und gab ihm die Hand.
Max begann nun sein kompliziertes Manöver. Die Jacke baumelte und unter ihr vier Stöcke nacheinander. Wenn er es denn schaffen sollte, sich bis zum untersten Stock hinabzuhanteln und nichts riss, so ersparte er etwa fünf bis sechs Meter an Höhe, also vielleicht ein Drittel, und das mochte entscheidend sein.
Jetzt erst merkte Max, wie steif er durch das lange Sitzen in der Kälte geworden war, aber er schaffte es, sich mit beiden Händen an der senkrechten Stange festzuhalten, die den unteren Quersteg hielt. Das brachte die Sitzbank etwas aus dem Gleichgewicht, Walter rutschte dabei nach links und verstärkte die Tendenz noch. Dann griff Max mit einer Hand nach unten, wo er den Ärmel seines Kittels zu fassen bekam. Er hielt.
Hin und her pendelnd und mit größter Anstrengung

überwand er die Strecke entlang seines zweckentfremdeten Kleidungsstückes und packte bereits den ersten Stock, als der untere Ärmel mit einem Ruck einriss. Er hielt jedoch an der verstärkten Schulter und so hantelte er sich drehend an den Stöcken entlang immer tiefer. Plötzlich riss der obere Ärmel bis zum Kragen ab. Max ließ los und stürzte mit kurzem Aufschrei in die Tiefe.

Der Aufprall war eher dumpf, als er den gefrorenen Schnee durchbrach, in dem er fast gänzlich versank, aber genau das war zu seinem Vorteil und dämpfte gewaltig das Aufkommen auf festem Grund. Völlig außer Atem spürte er, dass ein scharfer Schmerz seinen rechten Knöchel durchzuckte und es dauerte eine Weile, bis er feststellte, dass er noch alle Gliedmaßen bewegen konnte.

Mühsam wühlte er sich aus den Schneemassen und blickte keuchend nach oben, wo sich der Sessel mit Walter trotz des Schneefalls noch als Silhouette vom nicht völlig dunklen Himmel abzeichnete. Darunter baumelte noch einer der Ärmel.

»Mein Gott, wie weit der oben hängt«, dachte Max und versuchte zu rufen, aber die Stimme versagte ihm und es dauerte noch seine Zeit, bis er endlich »Walter!« hervorbrachte. Dieser konnte seinerseits unten nichts erkennen und gab nur ein heiseres »Ja!« von sich.

Max hatte sich etwas gefasst. Der Knöchel tat weh, aber er schien nicht völlig ohne Funktion, nur das Auftreten war unerträglich. Da er entsetzlich fror, suchte er zuerst seinen Anorak, der auf der Oberfläche lag und den er mühselig von der festgezurrten Schlaufe knotete. Er war

zwar beschädigt, aber wärmte nun doch langsam seinen Oberkörper, außer den linken Arm.
»Walter!«, rief er noch einmal. »Wirf mir bitte den Ärmel herunter. Er sah, dass sich der oben bemühte, aber nicht in der Lage war, in krummer Haltung den durch das Gewicht eng gewordenen Knoten zu lösen, noch dazu mit den Schiern an den Schuhen.
»Lass den Ärmel!«, rief Max nach einer Weile hinauf. »Spring auch, es geht, es ist nicht so hart, komm, dort oben holst du dir den Tod!« Wohlweislich verschwieg er sein Problem mit dem Knöchel, um den Freund zum Handeln zu bewegen.
Aber Walter hatte den Bügel wieder vor den Körper gezogen und antwortete mit belegter Stimme:
»Ich kann nicht. Nein, ich tu es nicht. Mein Sprung wäre doch ohne Hilfsmittel auch viel tiefer.«
»Da hat er wohl Recht«, dachte Max.
Nach einer Weile tönte es nochmals von oben: »Hol Hilfe, wenn du kannst. Ich werd es schon überstehen.«
Dann sagte Walter überhaupt nichts mehr und saß wieder mit verschränkten Armen und gesenktem Kopf da, und Max musste erkennen, dass er den Kameraden nicht überzeugen konnte.
Er rief noch einmal: »Walter, schlaf nicht ein. Beweg dich. Ich hole Hilfe.«
Auch er selbst war ja noch lange nicht aus dem Dilemma. Zwei Stöcke nahm er an sich, wobei er den rechten dringend zur Stütze brauchte, um das schwache Fußgelenk zu entlasten. Nun begann er die Schier zu suchen, aber so intensiv er sich auch bemühte, er fand erst nach

geraumer Zeit nur einen. Dann überlegte er, dass es in dieser zerklüfteten Landschaft, die er vor sich hatte und vor allem wegen der fast völligen Dunkelheit wenig Sinn machte, überhaupt die Schier anzuziehen, ganz abgesehen von seinem rechten Fuß, der inzwischen so sehr anschwoll, dass er den Stiefel lockern musste.

Sollte er die Lifttrasse abwärts nehmen? Das wäre einerseits der direkteste Weg zum Tal, andererseits müsste er zuerst ein Stück aufwärts steigen und könnte dann in der Waldschneise sehr ungünstiges Gelände bei großer Finsternis vor sich haben.

Er könnte aber auch hinüberqueren zur Piste, die er gut kannte und deren gepresster Untergrund wohl begehbarer sein mochte. Er entschloss sich zur zweiten Idee und sah auf die Armbanduhr. Es war inzwischen kurz nach acht Uhr.

Der Wind frischte wieder auf und der wirbelnde Schnee ließ kaum mehr eine Orientierung im unwegsamen Gelände zu. Teilweise musste Max sich kriechend fortbewegen, um ja nicht in irgendein Loch zu stolpern oder in undurchdringliches Gebüsch zu geraten. Was wäre, wenn er sich verirrte oder sich im Kreis bewegte? Er hatte Erfahrung genug, um zu wissen, wie leicht das geschehen konnte.

»Ich hätte doch unterm Lift entlanggehen sollen. Da wären gegen den Himmel die Stahltrossen wohl ein dauernder Leitfaden gewesen.« Aber dazu war es nun zu spät.

Vom Lift aus hatte man bei guter Sicht zur Piste rechts hinüberschauen können, aber auf das unzugängliche Terrain dazwischen hatte er nie geachtet. Verkrüppelte Bäume, Gestrüpp, große Felsbrocken und Schneewülste waren da, vielleicht auch ein kleiner Bach? Wie weit mochte es noch zur Piste sein? Höchstens drei- bis vierhundert Meter, aber die wechselnden Strukturen des Untergrunds ließen die Strecke wesentlich länger erscheinen. Wie einfach dieser Marsch doch bei Tage wäre! Zweimal musste er sogar umkehren, weil es nicht weiterging, und jedes Mal kam die Sorge wieder auf, er könne sich verfranst haben.

»Walter!«, rief er laut, in der Hoffnung, durch einen Rückruf die Richtung neu orten zu können, aber es kam kein Laut zurück.

Er fror, hauptsächlich am entblößten Arm, aber die Anstrengung ließ ihn das weitgehend vergessen. Eine große Behinderung war sein schmerzender Knöchel, besonders wenn er in den uferlos erscheinenden Schnee einsank. Manchmal dachte er dann an Walter und ob es nicht doch besser gewesen wäre, auf dem Sessel auszuharren.

»Man sitzt Gefahren nicht aus«, sagte er trotzig zu sich selber und tappte weiter. »Wenigstens werde ich in der Bewegung nicht erfrieren.« Dabei fiel ihm die Fabel von den beiden Fröschen ein, die in einen Rahmtopf gefallen waren. Der eine sah keine Chance mehr und ließ sich untergehen, der andere schwamm und strampelte die ganze Nacht. Morgens saß er auf einem Butterkloß, von dem aus er hinwegspringen konnte.

Das brachte ihn wieder darauf, an Walter zu denken, der bewegungslos in der klirrenden Kälte hing und den der

Sturm ungeschützt anblies. Er betete zu Gott, dass er die harten Stunden überstehen möge.

Plötzlich war der Untergrund fester und glatt. Die Piste! Er kniete nieder und konnte deutlich Schispuren erkennen. Ein warmes Gefühl durchströmte ihn, als wäre ihm eben das Leben neu geschenkt worden.

Die Richtung war nun wieder klar: Dorthin, wo es abwärts ging. Er humpelte die anfangs flache Abfahrt hinunter. Zwischendurch musste er länger pausieren, aber als er bemerkte, wie müde er war und dass er den Drang verspürte einzuschlafen, raffte er sich wieder auf.

Es wurde sehr abschüssig und obwohl er den Bereich schon oft befahren hatte, wusste er nicht genau, an welcher Stelle er sich befand. Er ließ sich auf dem Hintern abgleiten, ohne erkennen zu können, wie schnell er wurde. Ein Schneehaufen bremste die Fahrt gerade noch rechtzeitig, als eine mächtige Tanne direkt vor ihm auftauchte.

»Hab ich die Piste wieder verlassen?« klagte er leise und krabbelte seitlich weiter. Das Schneetreiben zwang ihn, sein Gesicht dicht über dem Grund zu halten, um Spuren zu erkennen, aber zwischen den Tannen war es so dunkel, dass er die Formationen nur noch ertasten konnte. Der Neuschnee bedeckte zudem immer mehr das gesamte Gefilde. Zum Glück blies der wieder aufkommende Sturm die leichten Flocken der Auflage weg, sodass wenigstens einige Strukturen frei blieben.

Für eine Weile barg er den eiskalten Arm erschöpft innen im Futter. Beim Ausruhen nickte er manchmal ein, fuhr aber immer wieder hoch und erschrak bis ins Blut ob dieser Schwäche. Immer weiter schob er sich abwärts. Einmal stolperte er und kugelte ein Stück hinunter. Er musste die Zähne zusammenbeißen, weil der geschundene rechte Fuß dabei in Mitleidenschaft geriet. Wie lang diese so lustvoll gewesene Piste ihm doch wurde, sie schien kein Ende zu nehmen.

Plötzlich wurde die Schneefläche wieder etwas heller.

»Ich habe das Waldgebiet hinter mir!«, jubelte er innerlich. »Es kann also nicht mehr weit sein.« Dann bemerkte er zwei Birkenstämme und die Erinnerung an die Umgebung tauchte vor seinem inneren Auge wieder auf. Er sah auf die Uhr und stellte mit Entsetzen fest, dass es mittlerweile schon fast zwei Uhr nachts war.

Da er sich nun besser zurechtfand, ging der letzte Hang etwas zügiger; nur wenig später tauchte der Zaun vor ihm auf, an dem entlang es zur Liftstation führte, und bald hörte er das quietschende Pendeln eines Sessels.

»Ich habe es geschafft!«, stöhnte er erschöpft. Aber schnell wurde ihm klar, dass er hier zwar mäßigen Schutz finden konnte, jedoch weit und breit kein Mensch mehr zugegen war. Selbst die kleine Wirtschaft, die sonst meist überfüllt gewesen war, lag verlassen da. Es musste sofort Hilfe besorgt werden, und dies war nur mit dem Auto möglich.

Er schleppte sich zum nahe gelegenen Parkplatz und erkannte schließlich den allein verbliebenen Wagen, der völlig zugeschneit war. Nervös suchte Max Walters Autoschlüssel, fand ihn tief in der Hosentasche und versuchte zitternd, eine der Türen aufzusperren. Endlich ließ sich das vereiste Schloss der zweiten Türe herumdrehen. Mit einem Ruck öffnete er sie und schob sich mühsam hinein. Er befürchtete, der Motor könne nicht anspringen, aber nach einigen Bemühungen gelang der Start.

Die Versuchung war groß, nun endlich etwas auszuruhen und sich in der langsam wärmenden Luft zu erholen, aber dabei würde er umso eher einschlafen und das durfte nicht sein. »Walter wartet!«, dachte er verzweifelt, raffte sich auf und holte den Handbesen aus dem Kofferraum.

Der leichte Schnee ließ sich gut entfernen und zur Sicherheit fegte er noch eine kleine Schneise hinter dem Wagen frei, um beim nötigen Wenden nicht behindert zu sein.

Zur besseren Bedienung der Pedale zog er die Stiefel aus, was dem verletzten Fuß leider noch Halt nahm, und fuhr los. Es ging müheloser, als er gedacht hatte und konzentriert achtete er darauf, das Gefährt vorsichtig und langsam die schmale Straße hinab zum Dorf zu steuern, damit er nun nicht zu guter Letzt noch im Graben landen möge. Endlich tauchten schemenhaft Lichter auf.

Vor dem erstbesten Hotel hielt Max und läutete Sturm. Als der verschlafene und anfangs ärgerliche Portier vernahm, was geschehen war, raffte er sich auf. Dennoch war es nicht leicht, um drei Uhr früh die zuständigen Personen telefonisch zu mobilisieren. Der bestellte Krankenwagen erschien alsbald und einige Zeit darauf auch ein Geländewagen mit Leuten von der Bergwacht und der Liftanlage. Max wollte wieder mit nach oben fahren, aber das ließ man nicht zu. Die Beschreibung genüge und sinnvoll helfen könne er sowieso nicht.

So verblieb er vorläufig in der Wirtsstube und wartete auf einen weiteren Krankenwagen, denn der Erste sollte für den hochgefährdeten Walter an der Liftstation bereitstehen. Die Zuhilfenahme eines Hubschraubers war wegen des anhaltend schlechten Wetters nicht möglich.

Max wurde zwei Stunden später im Hospital der Kreisstadt untersucht. Man stellte einen Bänderriss am Knöchel fest und einen totalen Erschöpfungszustand. An beiden Vorfüßen und dem linken Ellbogen mussten leichtere Erfrierungen behandelt werden. Er blieb dort zehn Tage und erholte sich.
Am Berg hatte man unterdessen den Lift in den frühen Morgenstunden trotz des Sturmes wieder in Betrieb genommen. Zwei Helfer fuhren in den Sitzen nach oben für den Fall, dass Walter dort aussteigen und nicht in der Wendung nach unten sitzen bleiben würde. Aber sie begegneten ihm etwa auf halber Strecke und sahen, wie er zusammengekauert in seinem Sessel wieder abwärts getragen wurde.
Als Walter unten an der Talstation von den Rettern geborgen wurde, konnte nur noch sein Tod festgestellt werde. Er war eingeschlafen und erfroren.

Die Natur der Berge ist trügerisch. Auch harmlos vergnügliche Unternehmungen mit scheinbar technischer Perfektion können auf tragische Weise enden.
Selbst eine Kleinigkeit kann das bewirken. Der kurz mit Aufräumen beschäftigte Liftbetreuer hatte nicht bemerkt, wie die beiden Männer schnell noch eingestiegen

waren und hatte dann, als lange Zeit keine Schifahrer mehr zur Station kamen, zum gewohnten Zeitpunkt und wegen des aufkommenden schlechten Wetters den Motor einfach abgestellt.

Mit der hier richtigen Entscheidung zum Handeln und einigem Glück hatte einer der beiden überlebt. Es hätte natürlich auch anders kommen können, aber grundsätzlich ist es wohl günstiger, im Zweifelsfall zu handeln, als sich untätig auf die Gunst der Umstände zu verlassen.

Sieben Schritte zum Abgrund

Großfabrikanten können auch nett sein. Dr. h. c. Konrad Riedel war ein solcher. Nach dem Krieg hatte er als noch junger Mann die Schreinerwerkstatt seiner Eltern geerbt, nachdem er dem verstorbenen Vater zuvor über Jahre tüchtig zur Hand gegangen war.

Mit Fleiß und Organisationstalent hatte er sich nur noch auf die Herstellung von Fenstern spezialisiert, eine Maschine nach der anderen gekauft, Marktforschung betrieben, Filialen gegründet und andere Firmen übernommen. Die Zeit war günstig gewesen, aber nur engagierte Unternehmer mit Mut, Fantasie und Weitblick hatten sie nützen können – und Konrad Riedel gehörte zu diesen. Die Kredite waren abgezahlt, er war für die Beschäftigung vieler Arbeitnehmer vom Landrat geehrt worden und hatte sogar die Ehrendoktorwürde erhalten.

Der erworbene Wohlstand war ihm nicht zu Kopf gestiegen. Keine Villa an der Côte d'Azur, keine Motoryacht in Marbella. Das ererbte Wohnhaus war verschönert worden und ein Nachbargrundstück hatte den Garten vergrößert. Die Wahl in den Stadtrat hatte er aus Gründen möglicher Interessenskonflikte abgelehnt. Kurz, er war ein solider Allgäuer und lebte nach dem Motto:

»Mehr sein als scheinen.« Gerecht und leutselig genoss er allgemeine Beliebtheit und Respekt.

Als der Erfolg schon absehbar war, hatte er seine Jugendliebe aus der Nachbarschaft geheiratet, die wenig Geld mitbrachte, aber, was viel wichtiger ist: Liebe, Treue, Fleiß und Sparsamkeit. Sein Vater hatte ihn mit schwäbischem Humor gewarnt: »So viel kann ein Mann im Heuwagen nicht nach Hause fahren, wie eine Frau in der Schürze wieder hinausträgt.« Auch das hatte er, wie vieles andere, beherzigt.

Jahrelang hatte das Paar auf Kindersegen gewartet, endlich wurde der heiß ersehnte Erbe geboren. Der hübsche Junge wuchs heran, anfänglich etwas kränklich und zur Blässe neigend, weshalb die stets bangenden Eltern ihn übermäßig umsorgten und verwöhnten.

»Er soll es einmal besser haben und nicht so viel schuften müssen wie du«, sagte Mutter Gertrud ihrem lieben Mann, den sie nur selten sah, weil er andauernd unterwegs war und abends todmüde heimkam. Vater Konrad pflichtete ihr bei.

Sohnemann Philipp, nach seinem Großvater getauft, entwickelte sich im Grunde prächtig, absolvierte nach einigen Querelen wegen nachlässiger Faulheit ein schwaches Abitur mit gerade einundzwanzig Jahren, und wechselte inzwischen seine immer aufs Neue verschobenen Studienwünsche so häufig wie seine Liebschaften.

Als Heranwachsender hatte er die Berge geliebt: Hochvogel, Trettachspitze, Heilbronner Weg, Mädelegabel im Sommer, die reizvollen Schipisten von Nebelhorn und Iseler im Winter. Als glänzender Abfahrer hatte er sogar regionale Rennen gewonnen, alles in vernünftigem Maß, inklusive ein bisschen Hüttenzauber. Mit Onkel Willi, dem Bruder seiner Mutter, war er ein einziges Mal zu einer größeren Schitour in die Westalpen aufgebrochen. Die berühmte Haute Route von Argentière bei Chamonix über Bourg-St.-Pierre, die Valsorey-, Chanrion- und Vignetteshütten nach Zermatt und über die Monte-Rosa-Hütte bis zur Britanniahütte. Das wars dann. Philipp hatte diese Anstrengungen gerade so verkraftet und sich dabei insgeheim geschworen, sich auf solche Torturen nicht wieder einzulassen, auch wenn der Onkel seine Geschicklichkeit in den schwierigen Eis- und Schneebereichen gelobt hatte.

Jetzt verbrachte er die Wintersaison lieber auf angenehmen Pisten und in feineren Kreisen, in Kitzbühel, kurz »Kitz« genannt, und in »Stanton«, wie man St. Anton zu nennen pflegt.

Im Sommer verlebte er seine Zeit an immer ferneren Badeseen oder am Meer mit Freunden. Von denen hatte er viele, weil er stets spendabel war, obschon die Mutter sich inzwischen bemühte, seinem Bedürfnis nach Barschaft Einhalt zu gebieten. Leider zu spät und somit vergebens. Schon mehrmals hatte sie, dem Vater verschweigend, Zechschulden und Autoraten bezahlen müssen, um größeren Verdruss zu vermeiden.

Die Eltern machten sich gelegentlich Sorgen, die aber ließen sich immer wieder zerstreuen. Ihr Philipp war nun einmal hübsch, begabt und beliebt. Jung ist man nur einmal, und er sollte es ja doch besser haben als der Vater, der sich für das liebe Geld so abrackerte und deshalb eben keine Zeit für solch herrliche Vergnügen hatte. Außerdem zeigte der Sohn inzwischen kultiviertere Ansprüche, verkehrte erkennbar mit Leuten aus gut situierten Verhältnissen – man darf doch seinem Glück nicht im Wege stehen, wer weiß, wozu er es noch bringt.

Aber der nette Bursche war nun schon sechsundzwanzig Jahre alt und eigentlich wurde es Zeit, dass er ein wenig an die Zukunft dachte und an das mühevoll erworbene Erbe.

»Du musst ihm vielleicht mehr Verantwortung geben, ihn an den Betrieben beteiligen, damit er hineinwächst«, riet Gertrud ihrem Mann. Der nickte und schmiedete Pläne.

Endlich ergab sich einmal der erwünschte Umstand, dass die Familie beisammen war, und Gertrud ließ nach dem Abendessen Vater und Sohn bewusst allein für ein fruchtbares Gespräch.

Vater Konrad bemühte sich in etwas gespreizter Form – taktische Gespräche waren nicht gerade seine Sache –, die Aufmerksamkeit seines Filius auf die künftigen Aufgaben zu lenken. Philipp hörte ihm mit gespielter Aufmerksamkeit zu und meinte dann mit sorgenvoller Miene und leicht erhobenen Händen, er sei ja immer bereit gewesen; nur der gute Vater habe kaum je Zeit für ihn gehabt und wie solle denn ein gutwilliger Mensch ohne angemessenes Pouvoir in die erwünschte Position eines Kronprinzen hineinwachsen. Papa zeigte Verständnis.

Wünsche, Zugeständnisse, Ratschläge und Beteuerungen wurden ausgetauscht und schließlich sagte der be-

mühte Vater zu, dem viel versprechenden Sohn Partnerschaft in den Betrieben einzuräumen und ihm auch umfangreiche Vollmachten für die Banken zu erteilen. Juniorpartner, Gleichberechtigung, Vorschusslorbeeren. Gegen die Gewohnheit blieb Philipp diesmal länger zu Hause – sehr zur Freude der fürsorglichen Mutter.
Dr. h. c. Konrad Riedel besuchte kurz darauf einen Notar und bereitete mit diesem die großzügigen Urkunden vor. Der vorsichtige Jurist riet zwar gelegentlich zu etwas mehr Zurückhaltung, jedoch fruchtete das wenig, weil der Firmenchef darin ein geradezu unangebrachtes Misstrauen gegenüber seinem Prachtsohn zu erkennen glaubte, wofür es nun wahrlich keinen Grund zu geben schien. Schließlich wurde auch Philipp hinzugezogen und der Vater vermerkte voll Stolz, wie geschickt und versiert dieser sich in Finanzangelegenheiten zeigte und auf diesen und jenen Punkt hinwies, während der Notar immer wieder fragend auf den bereitwillig nickenden Vater blickte.
Die Sache gedieh zur Unterfertigung und anschließend wurde das geglückte Übereinkommen im nahen Dorfkrug begossen, wobei sich der Vater alsbald wegen dringender Termine entschuldigte. Philipp holte sich noch die herzlichen Glückwünsche seiner Mutter ab und entschuldigte sich seinerseits ebenfalls wegen dringender Termine.

Zwei Wochen später, der Sommer hatte gerade begonnen, erhielt Gertrud einen Brief aus Chamonix:

»Liebste Mama,
angesichts noch schönen Wetters mache ich morgen eine Montblanc-Tour. Danach komme ich nach Hause, damit ich mich um alles Vereinbarte kümmern kann. Sag Onkel Willi Bescheid, es wird ihm gefallen. Hoffentlich geht es euch gut, Gruß an den lieben Papa.
Herzlichst,
euer Lippsi

Vater Konrad war seit über einer Woche wegen Exportgesprächen in den USA. Mutter Gertrud machte sich allerdings etwas Sorgen. »Hoffentlich übernimmt sich der Junge nicht, er hat schon so lange keine Bergtour mehr gemacht.« Andererseits war sie ganz zufrieden, dass er sichtlich wieder Freude an früheren Gewohnheiten gefunden hatte und vor allem, dass er danach heimkommen wollte.

Drei Tage später, Konrad war eben von seiner Geschäftsreise zurückgekehrt, kam ein Anruf aus Chamonix, diesmal war es die dortige Bergrettungsstelle. In schlechtem Deutsch erklärte ein Monsieur Charles, dass ein gewisser Philipp Riedel vor drei Tagen zum Montblanc aufgebrochen und entgegen seiner Zusage bisher nicht wieder im Hotel erschienen sei. Der Eintrag dort habe auf die Spur der Eltern geführt. Noch sei nicht alles verloren, aber Sorgen müsse man sich schon machen. Die Bergwacht sei intensiv im Einsatz.
Die Eltern wurden von Entsetzen erfasst. Gertrud kamen die Tränen. Konrad, dem nicht weniger zum Weinen zu-

mute war, handelte sofort, sagte Termine ab und bereitete ihre gemeinsame Abreise nach Chamonix vor.
Tags darauf saßen die beiden vor Monsieur Charles und zwei weiteren Schweizer Bergsteigern. Alle Anwesenden waren niedergeschlagen.
Einer der Männer, Franz Unterberger, berichtete, der junge Riedel habe sich seiner Gruppe angeschlossen. Sie wollten über den oberen Teil des berüchtigten Bossonsgletschers aufsteigen. Dort seien die gefährlichsten Gletscherspalten des ganzen Montblanc-Gebiets. Im rasch aufkommenden dichten Nebel habe man sich nach einer kleinen Ruhepause erneut anseilen wollen und dabei sei plötzlich aufgefallen, dass der Deutsche fehlte. Nach vergeblichem Rufen habe man im näheren Umkreis nach ihm gesucht. Etwas tiefer neben der gemeinsamen Aufstiegsspur sei dann seitlich eine Fußspur entdeckt worden, die zu einer tiefen Spalte führte. Sieben Schritte seien es nur gewesen. Er, Franz, habe nach entsprechender Sicherung sofort einen Versuch unternommen, sich in die Tiefe abzuseilen, sei aber wegen der engen Strukturen nicht weit gekommen.
Franz war ein stämmiger Mann und meinte, der viel schlankere Junge müsse seitlich abgeglitten und zwischen den Eiswülsten in den dunklen Abgrund gestürzt sein. Nur so könne er sich den Ablauf erklären. Dass man keinen Schrei gehört habe, wundere ihn zwar, aber man habe miteinander geredet und nicht jeder müsse unbedingt beim Sturz auch schreien. Eine Mütze habe er an einem Vorsprung gefunden. Der Mann entnahm dem neben ihm stehenden Rucksack eine schwarze Kopfbede-

ckung. Gertrud schrie auf. Es war Philipps Schildmütze. Der Bergführer setzte seine Schilderung fort: Nach einiger Zeit hätten sie ihre Suche abbrechen müssen, da sie wenig Erfolg versprach. Alles Rufen hätte keine Reaktion erbracht und so sei beschlossen worden, weitere Hilfe anzufordern, sobald man die nächste Hütte im Abstieg erreichte, denn die Tour sei selbstverständlich abgebrochen worden.

Tief ergriffen und in Tränen saßen die Eltern da. Welch entsetzlicher, unwiederbringlicher Verlust. Das einzige Kind.

Sie beschlossen, noch einen Tag zu bleiben, um auch den Bericht der Mannschaft abzuwarten, welche per Helikopter einen weiteren Rettungsversuch hatte unternehmen wollen. Ein Wettereinbruch hatte dies unmöglich gemacht – auf dem Berg war sogar Schnee gefallen. Eine nochmalige Bemühung schien bei diesen Umständen aussichtslos, denn selbst, wenn Philipp den Sturz in den Abgrund überlebt haben sollte, so wurde es doch immer unwahrscheinlicher, dass er die ganzen Tage ohne ausreichende Flüssigkeit hatte überstehen können. Der für alles zuständige Monsieur Charles sah keine Chance mehr, auch wenn natürlich bei Wetterbesserung ein Bergungsversuch geplant war. Die Spalten seien immens tief, und nach aller Erfahrung sei hier keine Hoffnung.

»Dort oben im Gletscher liegen schon viele Tote«, erklärte er traurig.

Am nächsten Morgen erschien die Hotelchefin mit einem verschämt dreinblickenden Zimmermädchen.

Dieses habe übers Wochenende freigehabt und vergessen, zuvor ein Couvert abzugeben, welches sie im Zimmer des jungen Monsieur Riedel beim Aufräumen gefunden hätte. Auf dem Couvert stand: »An meine lieben Eltern«. Und darunter noch: »Für den Fall, dass ich nicht zurückkomme.«
Welch schreckliche Ahnung. Gertrud übergab, ohne hinzusehen, das Kuvert ihrem Mann zum Öffnen. Der las mit rotem Kopf den kurzen Inhalt:

Liebste Eltern,
ich kann nicht mehr. Ich weiß, dass ich euch enorme Probleme bereitet habe und es ist mir unmöglich, euch nochmals vor die Augen zu treten. Verzeiht mir und behaltet mich trotz allem in lieber Erinnerung.
Euer Philipp

Konrad Riedel riss die Augen auf: »Welche Probleme?«, schrie er gepresst hervor und gab seiner Frau das Papier. Beide blickten sich entgeistert an. Nach einem kurzen Gespräch mit dem mitleidsvollen Monsieur Charles traten sie die Heimreise an.

Als Riedel am Morgen nach ihrer Ankunft im Büro der heimischen Fabrik ankam, fand er auf seinem Schreibtisch ungewöhnlich viele Bitten um Rückruf von verschiedenen Personen vor. Übermüdet erfuhr der geknickte Mann von seiner Sekretärin, dass sein Sohn die Guthaben auf sämtlichen Konten abgehoben sowie Festanlagen kurzfristig verlustreich gekündigt und wegge-

schafft hatte. Auf einer der Banken waren zusätzlich noch beachtliche Kredite auf der Basis dort liegender Grundsicherheiten gewährt und sofort in Anspruch genommen worden – insgesamt handelte es sich um ein Vermögen. Wofür nur hatte Philipp so fürchterlich viel Geld gebraucht?
Riedel war einem Zusammenbruch nahe. Wie sollte er das Gertrud sagen? Wie sollte die Fabrik weiterlaufen, gerade jetzt, wo eine Menge Aufträge vorlagen und sich die Materialrechnungen türmten. Selbst das ererbte Haus würde er womöglich verlieren. Das Herz pochte ihm bis zum Hals und er hoffte immerzu, endlich aus diesem Albtraum zu erwachen. Aber das alles war bittere Realität.
Er besprach die Misere mit dem ihm vertrautesten Prokuristen und bat ihn um vorläufige Diskretion, dann ging er nach Hause, um mit seiner Frau zu reden – er konnte ihr die Katastrophe doch nicht verschweigen. Beide saßen daraufhin lange im großen Wohnzimmer und starrten ratlos durch die Fenster in den Garten. Riedel blieb für die erste Zeit zu Hause. Er musste alles in Ruhe überdenken, sich Rat holen, neue Ideen entwickeln.

Drei Tage später läutete die Hausglocke. Frau Riedel war kurz zuvor weggegangen. Ein höflicher Herr fragte das Hausmädchen, ob er Dr. Riedel sprechen könne und wurde hereingebeten.
»Kommissar Berger«, stellte er sich vor, »darf ich Sie bitte mit einigen Fragen belästigen? Ich weiß, Sie haben

schlimme Sorgen. Wenn Sie es wünschen, komme ich später.«
»Nein, nein.« Riedel bot ihm einen Sessel an. »Fragen Sie nur.«
Berger nahm Platz und sammelte sich, während er sein Gegenüber sorgfältig aber freundlich musterte.
»Ich war vor einigen Tagen in Chamonix und hatte dort viele Gespräche.« Er wartete kurz, weil Riedel die Augen schloss.
»Jetzt komme ich gerade aus der Schweiz. Woher hatte ihr Sohn plötzlich so viel Geld?«, fragte er unvermittelt.
»Wieso?« Riedel reagierte gereizt. »Von mir! Was denken Sie denn?«
»Oh ja, das habe ich schon vermutet, Sie sind ein wohlhabender Mann. Aber ich meine, es ist doch seltsam, dass Sie ihm so viel mitgeben, Sie wollen doch wohl nicht auswandern?«
»Aber nein, wieso denn das?«
»Wenn jemand plötzlich so viel Geld ins Ausland schafft.«
»Ins Ausland schafft?« Riedel riss die Augen auf.
»Ja, in die Schweiz – wenigstens zuerst. Wer dann auch noch solche Summen kurzfristig in Dollar wechselt, hat etwas Besonderes vor.«
»In Dollar?« Riedel schaute den Kommissar ungläubig an.
»Wissen Sie, die internationale Zusammenarbeit der Polizei funktioniert oft besser, als viele meinen, und dann gibt es manchmal noch seltsame Zufälle.«
»Ach Gott, Zufälle!« Riedel blickte auf die Uhr. Er war

mit der Situation überfordert. »Sagen Sie, um was es geht, gleich kommt meine Frau nach Hause, ich will sie nicht mit weiteren Sorgen belastet sehen.«

»Aber ja«, Berger lehnte sich nach vorne, »Ihr Sohn ist in schlechte Gesellschaft geraten. Eine junge Südamerikanerin, bildschön und mit allen Wassern gewaschen. Ich sage nur: Drogen, Geldwäsche … Wir haben sie schon seit geraumer Zeit beschattet. Sie hat sich Ihren Sohn geangelt und der hat ihretwegen große Schulden gemacht. Also haben wir auch ihn observiert. Er ist ihr, wie man so sagt, verfallen.«

»Er *war* ihr verfallen«, sagte Riedel leise.

»Abwarten.« Berger machte eine beruhigende Bewegung mit den Händen. »Jetzt kommt einer der Zufälle. Sie kennen den Notar Wirt?«

»Ja, das ist mein Notar.«

»Sehen Sie, ich kenn ihn auch. Er hat mich kürzlich angerufen und mir ganz beiläufig erzählt, dass Sie Ihren Sohn nun mit allen Vollmachten versehen hätten. Sie sind ein bekannter Mann, Doktor Riedel, und diese Zusammenhänge haben mich schon aufhorchen lassen. Ihr Sohn Philipp hat alles vorbereitet für einen Geldtransfer von einem Schweizer Bankkonto auf ein argentinisches. Wer fast zehn Millionen Mark in Dollar umwechseln will, fällt auf. Unter dem Vorwand des Verdachts auf Steuerhinterziehung …«

»Steuerhinterziehung?« Riedel wurde laut.

»Abwarten, ich habe gesagt: ›unter dem Vorwand des Verdachts‹ – natürlich kein echter Verdacht. Also unter diesem Vorwand haben wir über Interpol die ganze

Summe vorläufig blockieren lassen. Das Geld wurde also auf der Bank festgehalten. Allerdings konnten wir nicht verhindern, dass die beiden mit einem kleineren Teil …«
»Die beiden?« Fassungslos und ungläubig sah Riedel auf.
»Abwarten.« Berger lächelte ein wenig. »Als ich von dem Unglücksfall in Chamonix hörte, fuhr ich sofort dorthin, es war am selben Tag, als Sie und Ihre Frau abfuhren. Ich befragte Monsieur Charles, dann vor allem Franz Unterberger und noch einen weiteren, der dabei gewesen war, und kam daraufhin zu dem Resultat …«, Berger holte tief Luft, »zu dem Resultat, dass ihr Sohn nicht verunglückt ist.«
Riedel warf sich im Sessel zurück und hob beide Hände, als wolle er sich ergeben. »Nicht?« brachte er nur langsam hervor und schüttelte den Kopf.
»Nein, das Ganze war ein geplantes Unternehmen. Ich habe alles genau rekonstruiert. Ihr Sohn ging mit der Schweizer Gruppe mit, von denen keiner eine Ahnung hatte. Der junge Mann hat gute Kenntnisse von der Gegend dort. Er wusste um die Gefährlichkeit dieses Gletschers und das gehörte zu seinem Plan. Er wollte seinen eigenen öffentlichen Tod. Die Schulden waren ihm über den Kopf gewachsen, das Mädchen wollte er nicht verlieren und so hat er sein Ableben in Szene gesetzt, um mit der Frau in Südamerika reich leben zu können.«
Gertrud kam nach Hause und betrat den Raum.
»Philipp lebt«, schrie Riedel seiner fassungslosen Ehefrau entgegen und nach kurzem Vorstellen des Gastes zog er sie auf das Sofa und hielt den Arm um sie.
»Fahren Sie fort, erzählen Sie!«

»Unter falschen Namen hatten die beiden bereits einen Flug von Zürich aus gebucht. Als sie dann erkennen mussten, dass sie wegen des großen Geldtransfers auffällig geworden waren, haben sie eilig über Genf umgebucht. Deshalb konnten wir sie nicht aufhalten. Pech. Es gelingt eben nicht alles.«

»Aber was ist auf dem Berg geschehen? Der Unfall. Sind Sie wirklich sicher, dass es keiner war?«

»Absolut sicher – so sicher, wie ich hier sitze.« Berger lehnte sich zurück. »Ihr Sohn wurde nach dem vermeintlichen Unfall gesehen und eindeutig beschrieben, es gibt keinen Zweifel. Er hatte sich in der Ruhepause oben am Gletscher, als die anderen zusammen redeten und Nebel die Sicht für einige Zeit erschwerte, von der Gruppe getrennt und war ein Stück zurückgestiegen. Dann war er seitlich auf die Spalte zugegangen, die er im Aufstieg schon erkannt hatte. ›Sieben Schritte‹, hat Unterberger erzählt. Dort hat er seine Mütze hineingeworfen und mit dem Stock einen scheinbaren Abrutsch markiert. Die gleichen sieben Schritte war er dann rückwärts zur Aufstiegsspur zurückgegangen und unter dem Sichtschutz des Nebels über diese wieder abgestiegen. Die anderen waren arglos und in kurzer Zeit waren Feinheiten der Spur durch ihre Bemühungen sowieso zertrampelt.«

»Wo ist unser Sohn jetzt?« fragte Frau Riedel zitternd.

»Das kann ich Ihnen leider nicht sagen. Der Flug ging nach Buenos Aires. Sie werden sehen, eines Tages wird er sich melden und – so Gott will – auch wieder zurückkommen. Er hat Ihnen beiden viel Übles angetan …«

»Schon, schon«, räumte Riedel ein, »aber er lebt, alles andere wird sich finden.«
Berger erhob sich. »Sie müssen einen Antrag stellen wegen des Geldes in Zürich. Sprechen Sie mit Notar Wirt, ich habe bereits alles mit ihm vorbereitet.«
Berger verabschiedete sich von den verwirrten, aber glücklichen Eltern und ging. Der gute Riedel hätte ihn am liebsten umarmt.

Dr. h. c. Konrad Riedel konnte sein kleines Firmenimperium erhalten und bekam immerhin den größten Teil seines Geldes zurück. Philipp lebte mit dem kleineren Teil davon eine Weile zusammen mit seiner Angebeteten in Punta del Este in Uruguay. Als alles ausgegeben war, verließ sie ihn – wie zu erwarten war. Nachdem er Spanisch gelernt hatte, studierte er Betriebswirtschaft in Buenos Aires. Sein Vater besuchte ihn nach über drei Jahren, verzieh ihm und zahlte sogar noch seine verbliebenen Schulden in Deutschland. Weitere vier Jahre mussten vergehen, bevor Philipp nach Hause kam und seine Mutter trösten konnte, der er die letzten Jahre schon geschrieben hatte. Die Straftaten waren mittlerweile verjährt und die Schäden geheilt. Schließlich stieg er wieder langsam in das Geschäft des Vaters ein, welches er heute noch erfolgreich führt. Mit fast fünfundvierzig Jahren bestieg er noch einmal den Montblanc, allerdings mit einem Bergführer über die Normalroute und einer Übernachtung auf der Vallothütte.

Tote reden nicht

Ehrgeiz ist eine sehr menschliche Eigenschaft. Damit ist etwas scheinbar durchaus Verständliches gesagt und trotzdem stecken darin mehrere Unklarheiten.
Was ist schon menschlich? Es kann durchaus etwas Edles sein. Barmherzigkeit, Großzügigkeit oder Liebesfähigkeit. Aber es kann auch sehr banal verstanden werden, denn unter dieser Vorstellung wird eben auch Schwäche definiert. »Errare humanum est« – »Irren ist menschlich«, sagt man, und viele verschiedene Formen des menschlichen Versagens können darunter verstanden werden.
Ehrgeiz beinhaltet zwei völlig unterschiedliche Begriffe: Ehre ist mit Würde, Achtung und Ansehen zu verbinden, aber Geiz ist eine enge und kleinliche Verhaltensweise. Diese Verbindung drückt einen seltsamen Widerspruch aus und es kommt deshalb auf den Zusammenhang an, wie das doppelsinnige Wort zu deuten ist.
Entweder ist es Leistungswille, Zielstrebigkeit und Überwindung von Schwierigkeiten oder aber es ist eine Form rücksichtsloser Begierde, die sich auf Kosten anderer Geltung verschaffen will, und so kommt es im Sprachgebrauch auf die Betonung an, ob damit Anerkennung oder Abfälligkeit ausgedrückt werden soll.

Es mögen inzwischen fast dreißig Jahre her sein, als eine Expedition sich einem der höchsten Berge der Welt näherte, um dessen noch unbestiegene Südwand von fast 4000 Metern Höhe zu durchsteigen – ein fulminantes Unternehmen. Organisator, Leiter und berühmter Leistungsträger war einer der bekanntesten Bergsteiger.
Um den Vorgang zu einem publikumswirksamen Event zu gestalten, sollte das spektakuläre Ereignis von einem fünfköpfigen Fernsehteam gefilmt werden, dem sich auch noch andere Medienvertreter anschlossen, damit der Welt nichts von der Großartigkeit des wohl organisierten Geschehens am Berg verborgen bleiben möge. Diese nachrückende Treckinggruppe sollte das Basislager zum günstigen Zeitpunkt erreichen, wenn der Sturm auf den Gipfel begann. Aber wie bekannt: Der Mensch denkt und Gott lenkt. Die Witterung ließ den Kampf um den Himalajariesen nicht zeitgerecht zu und das ausharrende Team befand sich bereits eine Woche bei Schneesturm im Basislager, ohne dass zum großen Sprung hätte angesetzt werden können.
Die publizistischen Fachleute waren fast alle bergsteigerische Laien und an eine derartige Behandlung seitens dieser menschenfeindlichen Natur nicht gewöhnt. Der Chef des Fernsehteams, ein bekannter Sportreporter, der bisher allenfalls in zivilen Höhen sportliche Langläufe wortreich begleitet hatte, erkrankte plötzlich an einem schweren Höhenlungenödem, was akute Lebensgefahr bedeutet. Zum Glück stand der Expedition ein auch am Berg erfahrener Arzt zur Seite, der die schwere Lage des Erkrankten sofort erkannte.

Der Doktor wurde nun beim Expeditionsleiter im Hauptzelt vorstellig und schilderte diesem die brisante Situation seines Patienten, wobei er unmissverständlich den sofortigen Abtransport des Erkrankten in niedere Regionen verlangte. Der große Bergsteiger lehnte dies jedoch barsch ab und verwies auf eine Klausel des Sponsorenvertrags, welche die Anwesenheit des Fernsehteamleiters während der gesamten Expedition unabdingbar machte:

»Er muss lebendig oder tot im Basislager bleiben, ansonsten müsste er mir schriftlich garantieren, dass die Expedition trotz seiner Abwesenheit weiterhin gesponsert wird.«

Der Arzt widersprach entsetzt und wies darauf hin, dass in einem solch kritischen Fall nicht dem Leiter, sondern dem Expeditionsarzt Verantwortung und Entscheidung obliege und dass er ohne Zögern nun auf eigene Faust eine starke Gruppe zusammenstellen würde, denn der Abtransport durch eine ziemlich schwierige Steilschlucht bei Sturm bedürfe ausreichender Kräfte. Eine Unterschrift des nahezu bewusstlosen Patienten sei darüber hinaus ohne rechtliche Bedeutung.

Der Organisator wurde nun wütend und drohte dem Doktor, wenn er mit dem Erkrankten gegen seinen Willen absteige, bedeute dies, dass er als Arzt damit die Expedition im Stich lassen würde.

Zu Recht war der Doktor nun erschüttert, ließ sich aber nicht beeindrucken. Als er zudem feststellen musste, dass die vom Leiter zugesagten Notfall-Sauerstoffflaschen nur geringen Inhalt hatten oder gar leer waren, und es dem armen Kranken immer schlechter ging, versuchte er verzweifelt, den allein lebensrettenden Abstieg zu organisieren.

Aber die auf den berühmten Expeditionsführer eingeschworenen Bergsteiger wagten nicht, ihrem bewunderten Leiter zuwiderzuhandeln und verhielten sich zwischen Kopfschütteln und Achselzucken.

Eine solche Reaktion mag unglaubwürdig erscheinen, aber die menschliche Natur ist zu seltsamsten Verhaltensweisen geneigt, wenn ein schlechtes Vorbild sie leitet und eine eigene Besinnung auf eherne Grundsätze ausbleibt.

Erst dem Sirdar, dem Trägerführer, konnte der Doktor ins Gewissen reden, als er diesem obendrein androhte, ihn in seiner Heimat wegen unterlassener Hilfeleistung für einen Sterbenden anzuzeigen.

So gelang es schließlich ohne jede Beteiligung des Expeditionsleiters, den Abstieg mit dem lebensbedrohlich Erkrankten zu organisieren. Bei anhaltendem Schneesturm gestaltete sich der heikle Transport dramatisch, wobei der bedauernswerte Patient zweimal einen Herzstillstand erlitt und mit größter Mühe wiederbelebt werden musste. Der Rettungstrupp erreichte schließlich mit energischem Einsatz ein Terrain, das tief genug lag, um von einem Helikopter angeflogen werden zu können.

Am vierten Tag traf endlich ein Armeehubschrauber ein, in welchem der mitfliegende Expeditionsarzt nun im Flug den Schwerkranken beatmen konnte. Ein Ambulanzjet übernahm den Patienten in der Hauptstadt des Landes und flog ihn nach München, wo er vorläufig überlebte.

Der Doktor eilte zurück und erreichte nach vier Tagen bei miserablem Wetter und mit höchster Anstrengung wieder das Basislager.
Die erfreuliche Rettung des Sportreporters machte wenig Eindruck auf den schlecht gelaunten Hauptdarsteller. Stattdessen machte er dem Doktor nun bittere Vorwürfe, wegen dieses Mannes die Expedition acht Tage im Stich gelassen zu haben, weshalb das Bergteam nicht hatte in die Wand einsteigen können. Denn ohne Arzt, so meinte er, würde er keinen Schritt hinauf tun und somit sei dieser am Scheitern der ganzen Expedition schuld.
Der Doktor war tief betroffen. Es blieb ihm unverständlich, wie es möglich sein konnte, um dieses Showkletterns willen in klarer Erkenntnis ein Menschenleben aufs Spiel zu setzen.
Nach seiner Rückkehr in München führte sein erster Weg ihn erneut in die Herzklinik, wo er seinen inzwischen weitgehend genesenen Patienten besuchte. Der in ihm drängende Wunsch, diese empörende Geschichte in der Öffentlichkeit bekannt zu machen, um in Zukunft solch anmaßendes und rücksichtsloses Verhalten nicht mehr zu ermöglichen, stieß auf keine Gegenliebe.
Der Genesene bat den Doktor händeringend, davon Abstand zu nehmen, da er das gute Verhältnis zu dem berühmten Bergsteiger doch auch künftig in seinem Beruf dringend brauche.
Man schwieg also.
Unser Reporter starb noch in relativ jungen Jahren. Niemand kann sagen, inwieweit sein schweres Leiden am

Berg daran Anteil hatte. Was immer er inzwischen denken mochte, er kann es uns nicht mehr sagen.
Tote reden nicht.
Der Organisator der missglückten Expedition aber bezwang noch viele bedeutende Berge. Er wurde immer berühmter und kaum jemand wagte ihn angesichts seiner Leistungen in den Gebirgen der Welt für manche seiner fragwürdigen Verhaltensweisen und Äußerungen zu kritisieren, denn nichts auf dieser Erde scheint wohl wichtiger als der Erfolg.

Liebeshöhen

François de Fanfaron saß im Wohnzimmer seines reichen Onkels in Paris am Kamin und starrte ins Feuer.
Vor zwei Wochen war er von einer Himalajatour zurückgekommen und die Erinnerung an ein seltsames, ja traumatisch zu nennendes Erlebnis ließ ihn nicht los.
Nach einem gemeinsamen Training in den Westalpen hatte er zusammen mit seinem Freund und Bergkameraden Claude Incrèdule, einem bekannten Bergfotografen aus Chamonix, eine Reise weit hinein in das größte Gebirge der Welt unternommen.
François hatte dabei stets Tagebuch geführt und alle Eindrücke und Erlebnisse genau niedergeschrieben, während Claude engagiert fotografiert hatte. Aus dem gesammelten Material wollten sie nach ihrer Rückkehr ein Buch machen.
Zu Hause war es dann zu einer Auseinandersetzung, ja fast zu einem Streit zwischen den beiden gekommen. Grund dafür war der ausführliche Eintrag von François über ein Erlebnis, auf dessen Veröffentlichung dieser bestand. Claude hingegen wollte dem Inhalt keinen Glauben schenken, geschweige denn, dass François beweisende Fotos hätte vorlegen können.

Der liebenswürdige Onkel schätzte seinen Neffen François wie einen Sohn, weshalb dieser nun auch zu Besuch gekommen war, um ihm sein Leid zu klagen und ihn um Rat zu fragen. Der alte Herr zeigte sich außerordentlich interessiert an der Geschichte und brannte darauf, den umstrittenen Eintrag unbedingt kennen zu lernen.

François las daraufhin aus seinem Tagebuch:
»Wir befinden uns in etwa 5700 Metern Höhe und haben ein kleines Zelt errichtet. Die Sonne strahlt und wir sehen in der Ferne die höchsten Gipfel der Erde. Claude steigt weiter hinauf zu einer Kuppe, um nach der anderen Seite fotografieren zu können. Er will in etwa zwei bis drei Stunden zurück sein. Nun bin ich alleine im Zelt, trockne einige Sachen und döse etwas vor mich hin.
Auf einmal bemerke ich, wie mit einer Art Fellhandschuh der Vorhang des Zeltes ein Stück weit zur Seite geschoben wird. Halb in Gedanken richte ich mich auf. Ein Schrei bleibt mir im Hals stecken, denn eine Gestalt schiebt sich in den Zelteingang und verdunkelt es. Ich kann im Gegenlicht keine Einzelheiten erkennen, aber es ist zweifelsfrei kein mir bekannter Bergsteiger.
Es vergeht eine halbe Minute völliger Lautlosigkeit und ich höre nur meinen eigenen Atem, während ich einen eigenartigen Geruch wahrnehme, der sich im Zelt verbreitet. Er erinnert an Moschus, ein Schuss Jasmin und vielleicht noch etwas feiner Schafskäse. Exotisch jedenfalls, eher angenehm und etwas betäubend.
Als ich endlich zum Schrei ansetze, legt sich der Handschuh vorsichtig auf meinen Mund und ich spüre, dass es kein

Handschuh ist, sondern die Wärme einer Hand. Ich taste nach ihr und ergreife dabei einen Arm, der sich weich und voller Leben anfühlt. Er ist dicht und samtig behaart wie rasierter Nerz. Die andere Hand legt sich streichelnd auf meinen Kopf.

Obwohl ich mich etwas bedrängt fühle, scheint die Situation ohne Gefahr zu sein. Als etwas Licht ins Zelt dringen kann, erkenne ich ein von zottigem Langhaar umrahmtes Gesicht eines weiblichen Wesens, aus dem mich melancholische, dunkle Augen mit dem Ausdruck eines jungen Seehundes anblicken – fast lieblich und rührend. Wangen, Stirn und die niedlich geformte Nase sind ganz mit honigblondem Flaum bedeckt. Die Lippen haben dunkles Rot und sind leicht aufgeworfen.

Ein leises Summen dringt an mein Ohr. Ich habe den Eindruck, als versuche sie zu singen. Als sie sich näher an mich schmiegt, bemerke ich, dass sie völlig ohne Kleidung ist und am ganzen Körper mit einem dichten, unglaublich feinen Fell, gleich einem Chinchilla, überzogen ist. An manchen Stellen hat sie wohlgeformte Locken. Sie scheint nicht besonders groß, eher schlank und ihre vollen Brüste sind vorne haarlos und zart rosa.

Ihre Gesten, ihr sanftes Streicheln, ihre begehrliche Haltung lassen keinen Zweifel an ihren Absichten. Liebkosend drängt sie sich an mich.

Mein anfängliches Zaudern wandelt sich mehr und mehr in eine schwindelnde Erregung und ich fühle einen Zustand animalisch-sinnlicher Begehrlichkeit, ja einen zauberhaften Taumel, dem ich mich hingebe. Vergessen sind die Kälte, die dünne Luft, der schmale Platz in der Steilwand in fast 6000 Metern Höhe, das winzige Zelt. Selbstvergessen stürze ich mich in einen Brunnen betörter Leidenschaften und aufwirbelnder Sinne. Als wir zusammenkommen, steigert sich ihr Summen zu einem wilden Gurren. Ich habe das Gefühl zum Himmel zu fliegen, das Zeltchen bebt, hoffentlich halten die Seile! Noch eine Weile halte ich sie fest umfasst, während ihre Augen geschlossen sind und ihre Nasenflügel sich bei jedem Atemzug weiten.

Plötzlich kommt eisige Ernüchterung über mich. Mir wird der Wahnsinn dieser Situation klar bewusst: Was für eine Unmöglichkeit, welch tierische Verfremdung! Bin ich hier denn in Sodom oder gar in Gomorra? Sie bemerkt sofort meine veränderte Sinnenwelt, schreckt verwirrt hoch, kauert sich vor dem Zelt und sieht mich aus glutvollen Augen an, aber kein Vorwurf spricht aus ihnen. Wie ich sie im Tageslicht endlich ganz betrachten kann, wird mir deutlich, dass sie kein Mensch ist. Ich sehe das nahtlose Fell, die dunklen Handflächen und die noch dunkleren, außergewöhnlich großen Füße.
Während ich mich bedecke und versuche, das Zelt zu verlassen, stößt sie einen unheimlichen, fast wiehernden Laut aus. Dann richtet sie sich auf und ich erkenne, dass sie doch um einiges größer ist als ich. Mit einem Satz springt sie auf den knappen Vorsprung oberhalb des Zeltes, an dem die Seilversicherungen angebracht sind und mit unglaublicher Behändigkeit quert sie schräg abwärts, jenseits unseres Aufstiegs bis zu einem felsigen Bereich. Dort verharrt sie einen Moment und bedeckt ihr Gesicht mit einer Hand, wie zu

einem Gruß. Als ich zum Winken den Arm hebe, scheint sie zu erschrecken, schwingt sich hangelnd über einen Felsvorsprung und verschwindet. Nur ihre Spuren erinnern noch an die Wirklichkeits dieses unglaublichen Geschehens.

Mir wird klar, dass ich einer Yetifrau begegnet bin, und ich fange an zu verstehen, weshalb sich diese scheuen Wesen nur dann dem Menschen nähern, wenn dieser völlig alleine ist. Zu zweit oder gar als Gruppe besteht dafür keine Chance. Schnell will ich jetzt meine kleine Kamera aus der Seitentasche im Zelt holen, um wenigstens die Spuren fotografisch festzuhalten. Aber ich muss einen neuen Film einlegen. Und während der mühsamen Suche weicht die schon hoch stehende Sonne die Spuren auf und die Konturen verschwimmen. Schade!
Während ich das eigenartigste Abenteuer meines Lebens niederschreibe, überlege ich, ob ich Claude davon erzählen soll. Nein, vorläufig sollte ich es besser für mich behalten.

Claude kommt wieder von seiner Wanderung zurück. Er wundert er sich über meine Verlegenheit und den seltsamen Geruch im Zelt. Der Alltag kehrt zurück.«

Der Onkel hatte wie gebannt zugehört. Voller Stolz auf seinen Neffen nickte er beifällig und gab seinen Kommentar:
»Mir ist der Sachverhalt völlig klar. Diese Yeti sind von unübertrefflicher Geschicklichkeit im Gebirge. Höhe stellt für sie kein Problem dar.
Die vom Aussterben bedrohte Spezies leidet besonders

unter Inzucht. Deshalb suchen sich die Weibchen instinktiv vereinzelte Bergsteiger aus, um eine gesunde Nachkommenschaft zu ermöglichen.
Andererseits versteht nun auch jeder, warum gewisse Bergsteiger so gerne Alleingänge wagen.«
Er erhob sich, legte François die Hand auf die Schulter und sagte mit hochgezogenen Brauen:
»Ich werde die Geschichte herausgeben. Sie macht uns Fanfarons alle Ehre.«

Der Wildschütz

Wer kennt es nicht, das hinreißende Volkslied: »*Mit dem Pfeil, dem Bogen, durch Gebirg' und Tal.*« Die Freiheit des Schützen wird besungen.
Ein bisschen schien es damit zu Ende zu sein, als sich Wilhelm Tell, schon die Armbrust unterm Arm, vor dem Hut verneigen sollte und der Widerspenstige dann den Apfel abschießen musste:
»*Bei Gott, den Apfel mitten durchgeschossen, es war ein Meisterschuss, ich muss ihn loben!*«
Aber der Schütz war grantig, pfiff auf das Lob des Vogtes und polterte diesen noch höhnisch an.
»*Ab nach Kassel!*« – in diesem Fall nach Küssnacht in der Schweiz – und dann die hohle Gasse, der Schuss ins Herz, noch ein paar deftige Worte vom oberen Felsbereich und der Wildschütz war wieder frei.
Aber irgendwann war dann wirklich Schluss mit der lustigen Jägerei des freien Mannes. Reviere, Jagdherrn, Forstbeamte, Jagdschein. Keine Extrawurst mehr. Wer da heimlich was abknallte, war ein Wilderer. Auf frischer Tat ertappt oder mit der Waffe erwischt, wurde er von Erlaubnisträgern erschossen.
Berühmte Beispiele: »*Es war ein Schütz', in seinen besten*

Ja-ahren ward er hinweggeputzt von dieser Welt ...« Das Lied vom Jennerwein. Ein ›feiger Jäger‹, so im Lied genannt, hatte ihn von hinten erschossen – wenn's denn wahr ist. Vor ein paar Jahren, zu seinem hundertsten Todestag, legte ein Fan einen gewilderten Gamsbock auf sein Grab nahe dem Schliersee.

Auch der bayerische Hiesel, mit bürgerlichem Namen Mathias Klostermeyer, begann als Wilderer:

»Ich bin der Fürst der Wälder und keiner ist mir gleich, so weit der Himmel blau ist, so weit geht auch mein Reich ...«

Er entwickelte sich aber dazu noch zum Räuberhauptmann. 1771 in Buchloe bei einer blutigen Schießerei erwischt, wurde er in Dillingen mit einer eigens für ihn gebauten Vorrichtung erdrosselt und dann noch gevierteilt. Abschreckung!

Wilderer nämlich genossen zu allen Zeiten die romantische Zuneigung und Bewunderung des Volkes. Wie Robin Hood wurden ihnen mutige, ja geradezu heldenhafte Eigenschaften unterstellt.

Das Gebirge war bevorzugtes Terrain leidenschaftlicher Heimlichschützen. Meist stammten sie von dort, kannten jeden Winkel, jeden Übergang, die gefährlichsten Schluchten und so entkamen sie meist den ortsunkundigen Beamten, die gegen sie ausgeschickt wurden.

Vor allem wussten sie, wo das Wild stand und wie es günstig zu erlegen war. Die Leidenschaft stand zuerst vielfach gar nicht im Vordergrund. Es ging hauptsächlich ums Wildbret, denn die Leute waren arm und Fleisch teuer.

Gottfried Aargauer war Bergbauer. Den Hof, soweit man diese kleine Kate überhaupt so nennen durfte, besaß die Familie schon mehrere Generationen, seit ein Ahne von der Schweiz nach Bayern herübergekommen war, wohl, wie der Name sagt, aus dem Aargau.
Gottfried und seine Frau waren tüchtige und ehrliche Leute. Man hielt ein paar Ziegen und ein Dutzend Schafe, welche die allzu steilen Hänge abgrasten, an denen nicht gerade viel wuchs, und die zu mähen sich kaum lohnte. Zwei Hündchen von mittlerer Größe und unklarer Rasse hielten Wache und die Tiere zusammen. Sie waren die große Liebe von Lenz, eigentlich Lorenz, dem dreizehnjährigen Sohn, der mehrmals in der Woche den weiten Weg in die Dorfschule hinunter machte. Gelegentlich schwänzte er, aber das blieb ohne Konsequenzen. Nicht weil der Bub etwa unbegabt gewesen wäre, im Gegenteil, er war besonders aufgeweckt. Aber die Lehrerin dachte, dass große Kenntnisse für den künftigen Kleinbauern doch wohl nicht überaus wichtig wären.
Bei seinen kleinen Privatausflügen, von denen die Eltern natürlich nichts wussten, durchforschte er heimlich die weitere Umgebung, beobachtete zwei Adlerpaare, die Murmeltiere und ein Rudel Gämse, deren Kitze mit lustiger Geschicklichkeit über Felsen hüpften.
Er war wohl eine gute Wegstunde von seinem Hause entfernt, als er eines Tages drei Männer beobachtete, die sich vorsichtig den Gämsen näherten. Lenz verbarg sich zwischen Latschen hinter einem Felsen und beobachtete die Vorgänge.

Auf dem alten graubraunen Foto, dem einzigen Bild, das in der heimischen Stube hing, war eine Gruppe abgebildet, vor der tote Tiere lagen. Diese Gestalten trugen die gleiche Kleidung wie jene, die er nun sah, und Vater hatte ihm erklärt, dass dies Jäger seien, die das Wild schossen und danach die Geweihe großer Tiere an die Wand hängten. Ein mächtiges Hirschgeweih hing auch in der Wirtsstube des Dorfes, wo er mit den Eltern bei seiner Erstkommunion gegessen hatte.

Auch in der Schule war vom Jagen die Rede gewesen und Lenz war fasziniert von den Darstellungen, welche die Lehrerin vorne an der Tafel auf Bildrollen gezeigt hatte, wobei sie die verschiedenen Arten des Wildes erklärt und die Entwicklung der Waffen beschrieben hatte, mit denen es erlegt wurde. Dann hatten sie noch ein Lied gelernt: »*Gar lustig ist die Jägerei, allhier auf grüner Heid' …*«

Seither hatte der Junge die Sehnsucht entwickelt, einmal ein Jäger zu werden. Die Mutter hatte gelacht, als er davon sprach und hatte ihm einen belustigten Klaps auf den Hinterkopf gegeben.

Kein Wunder also, dass er nun mit großen Augen lugte und ihm das Herz bis zum Halse pochte.

Die Jagdherren hatten je zwei Gewehre mit sich. Eines mit zwei dickeren Läufen hing an der Schulter und das andere mit nur einem Lauf hielten sie gesenkt unter einem Arm und drückten es mit dem Ellbogen an die Hüfte.

Sie näherten sich gebückt friedlich grasenden Gämsen, wobei eine plötzlich aufgeschreckt den Kopf hob. Im nächsten Moment knallte es mehrmals und Lenz fuhr

zusammen. Die Tiere stoben wild auseinander und rannten dann, wieder gesammelt, mit großen Sprüngen davon. Zwei blieben liegen.
Die Männer riefen sich befriedigt etwas zu und stiegen eilig zuerst aus ihrer Deckung den kleinen Hang hinab, wobei sie zuvor die Waffen nach kurzer Verständigung ablegten. Dann kletterten sie das steile Stück zum Wiesenbereich wieder hinauf, wo die Erlegten sich befanden. Eines davon war seitlich etwas herabgefallen und es kostete sichtlich einige Mühe, das Tier zu erreichen und zu bergen.
Lenz war von bebender Erregung ergriffen. Welche Überlegenheit und Macht ging von diesen harten Männern aus, die über Tod und Leben zu bestimmen schienen. Was für ein Gefühl musste es sein, ein solches Gewehr sein Eigen nennen zu können? Wie gebannt schlich er zu der Stelle, wo sie abgelegt worden waren. Zwar war der Abstand zu den Männern nicht groß, aber es mochte doch noch eine Weile dauern, bis sie die schwierige Strecke zurückkamen und so hatte er Zeit, sich im getarnten Bereich das Arsenal genau anzusehen. Auch eine Tasche lag dabei und er entdeckte, dass sich eine Anzahl Patronen darin befand. Der Bub erkannte sofort, welche davon den Büchsen zuzuordnen waren und welche den doppelläufigen Flinten. In ihm erstarkte der nicht mehr unterdrückbare Wunsch, eine solche Waffe zu besitzen. Ohne viel Überlegung ergriff er eines der Gewehre, mit denen geschossen worden war, hängte sich die Tasche um und suchte eilig das Weite.
Es war zwar höchste Zeit, nach Hause zurückzukehren,

aber er musste erst sein wertvolles Diebesgut in Sicherheit bringen. Im eigenen Bereich war das nicht zu empfehlen. Einmal der Eltern wegen, die um Gottes willen ja nichts ahnen durften, und zudem war anzunehmen, dass nach den fehlenden Objekten gesucht würde.
Etwa eine Viertelstunde vom Vaterhaus entfernt, weiter oben, befand sich ein alter, nicht mehr gebrauchter kleiner Heustadel. Das verrostete Türschloss ließ sich nicht mehr öffnen, aber hinten waren die Bretter längst locker geworden und ließen sich wegdrücken und wieder schließen. Lenz hatte dort schon gelegentlich Fundsachen verborgen. Dorthin verbrachte er nun seinen erbeuteten Schatz und verbarg ihn sorgsam hinter staubtrockenen Holzbohlen.
Er musste nun eiligst noch einen Umweg machen, um auf den üblichen Schulpfad von unten her zu gelangen. Die Mutter wartete schon mit dem Essen und fragte, warum er heute so spät käme. Er sagte, ihm sei nicht ganz wohl, weshalb er unterwegs ausgeruht habe, und deshalb sei er auch nicht hungrig. In Wahrheit brachte er in seiner Aufregung nichts hinunter und bat, sich ein wenig hinlegen zu dürfen.
Tatsächlich erschienen einige Tage später zwei Polizisten, die nach dem Verbleib der vermissten Waffe forschten. Lenz beschäftigte sich mit den Hunden, jedoch überhörte er kein Wort, was gesprochen wurde. Die Eltern waren in ihrer Ahnungslosigkeit so glaubwürdig und auf ihn fiel sowieso kein Verdacht, sodass die beiden Beamten nach kurzer Zeit weiterzogen.
Während dieser Tage ging der Junge so eifrig zur Schule

wie noch nie und nahm sich vor, zur Sicherheit noch eine Weile verstreichen zu lassen, bevor er sein Versteck wieder aufsuchte. Die Mutter machte sich etwas Sorgen über das ein wenig veränderte Wesen des Sohnes, schob es auf dessen vorgetäuschte Unpässlichkeit und bald schien alles beim Alten. Als Lenz die verstrichene Frist angemessen schien, schwänzte er erneut, begab sich zu seinem Versteck und untersuchte nun seinen stolzen Besitz im Detail. Mit ein bisschen Öl aus dem Kasten des Vaters pflegte er die Waffe, wie ja auch dieser sein Werkzeug behandelte und lernte bald, wie sie funktionierte. Zu gern hätte er sie ausprobiert, doch er befürchtete zu Recht, dass der Knall enorme Aufmerksamkeit erregen würde. So wartete er geduldig und überlegte, wie er es möglichst unauffällig anstellen könne.

Er beschloss, die Gegend hinter dem hoch über ihnen liegenden Grat auf der jenseitigen Bergseite näher zu erforschen, weit von bewohnten Gefilden entfernt, um sein Gewehr zu erproben. Der Umweg, den er machen musste, um den Anschein zu erwecken, als käme er von der Schule, war ihm unterdessen schon zur Gewohnheit geworden, wobei er allzu häufiges Schwänzen maßvoll vermied.

Endlich hatte er alles so planvoll vorbereitet, dass er den ersten Schuss versuchen wollte. Das vielfache Echo, das er mit lauten Rufen am vorgesehenen Platz schon erprobt hatte, war zudem ein positiver Faktor, um eine Ortung des Knalles weitgehend auszuschließen.

Als Ziel diente ihm der schmale Stamm in einer Latschengruppe und so ging er ans Werk, legte eine Patrone ein und schoss. Kaum konnte er den widerhallenden Knall richtig wahrnehmen, weil der Schaft einen so unerwartet harten Rückstoß an seine Schulter auslöste, dass der Kniende fast nach hinten gefallen wäre. Dann aber kam eine große Befriedigung über ihn und mit schnellen Schritten ging er zum ins Visier genommene Stämmchen. Das hatte er zwar verfehlt, aber ein Stück dahinter hatte die Kugel etwas weiter oben das Holz eines anderen Bäumchens zerrissen.

»Jetzt bin ich ein richtiger Jäger«, dachte Lenz voller Stolz, obschon die Schulter schmerzte und sich bald ein blauer Fleck bildete, den er zu Hause nicht zeigte.

Noch zweimal in Wochenabständen wiederholte er seine Übung mit wachsendem Erfolg.

Der Nachbar Gerster, immerhin eine halbe Stunde entfernt, hatte neuerdings einen großen Hund, der gelegentlich herüberkam, die Schafe herumhetzte und die beiden darob wütend kläffenden Wächter der Schafe attackierte. Einmal kam es zu einer Rauferei zwischen den Tieren und eines der Hündchen lag danach blutend im Schnee.

Lenz war außer sich. Alle Pflege nutzte nichts, der Kleine starb noch am selben Abend. Der Junge schwor Rache. Wofür hatte er eine Schusswaffe? Sollte man abwarten, bis das fremde Untier auch noch den anderen Liebling zerriss?

Er beschloss, die Fährte des lästigen Hundes auszuspionieren und diesem in echter Jägermanier aufzulauern. Seine Furcht vor Entdeckung war mit der Erfahrung

etwas geschwunden und das hilfreiche Echo in den Bergen beruhigte zudem die Sorge weitgehend.
Der Winter machte die Spurensuche leicht und er erkundete, dass der Feind immer auf gleichem Wege kam und ging. Um ihn an einem gut gewählten Ort zu erwischen und dort ruhig zu stellen, hatte er sich etwas Zusätzliches ausgedacht. Er brachte dorthin etwas vom Futter des eigenen Hündchens, von dem ja nun auch mehr übrig war.
Das Jagdgewehr verbarg er nun in der Nähe unter einem Felsen, um den richtigen Zeitpunkt ja nicht zu versäumen. Zwei Mal wartete er vergeblich, obschon das Fressen aufgenommen worden war. Beim dritten Mal hatte er Glück. Der große Hund suchte bereits an dem gewohnten Platz nach seiner Vesper und Lenz drückte ruhig ab. Ein kurzes Winseln, dann blieb das Tier liegen. Der Junge verscharrte es in einem Gestrüpp, verwischte die Spuren und legte das Gewehr wieder in die alte Scheune. Ein wunderbares Hochgefühl durchströmte ihn und die nächsten Wochen war er wieder einmal ein musterhafter Schüler.
Der Schuss schien keinerlei Aufsehen erregt zu haben.
»Gersters Hund kommt nicht mehr zu uns«, sagte der Vater bei einem Abendessen. »Gott sei Dank!« meinte die Mutter.

Es wurde wieder Sommer. Lenz war nun vierzehn Jahre alt. Er hatte sich zum Geburtstag bei den Eltern ein richtiges Jagdbuch erbettelt, das er mit großem Eifer las und sein Wunsch, ein richtiger Jäger zu werden, wurde immer intensiver. Wenn er seinen Eltern davon erzählte, nickte der Vater mit gutmütigem Lächeln und die Mutter schüttelte den Kopf mit zugekniffenem Mund und strengen Augen.

Der Traum würde also wohl nie wahr werden.

In seinem Buch waren auch die Jagdgesetze beschrieben und kurze Geschichten über Wilddiebe und ihr oft trauriges Ende. Ihn schauderte dabei im Gedenken an sein Geheimnis, aber sein Gewissen ließ sich wieder beschwichtigen. Zu interessant waren die Details des Waidwerks: Wie man ein erlegtes Wild aufbricht, aus der Decke schlägt und richtig zerlegt. Dazu eine gute Waffenkunde, die ihn seine Büchse richtig verstehen lehrte.

Lenz war ein guter Kletterer. In den Ferien vergrößerte er das Revier seiner Begehungen immer weiter und er bestieg dabei so manchen nahen Gipfel. Der Hauptgrund aber war die Erkundung des Wildes seiner Umgebung. Immer mehr drängte es ihn in die Nähe der Gämse und zuweilen auch Hirsche. Jedes Mal, wenn er ihrer ansichtig wurde, bedauerte er, die geliebte Büchse nicht dabei zu haben, um eines dieser stolzen Tiere erlegen zu können. Es war doch niemand um die Wege. Die gute Kenntnis seiner heimatlichen Natur ließ ihn immer neue Pläne schmieden und eines Tages nahm er das Jagdgewehr und ein paar Patronen auf einen Ausflug mit.

Das Terrain, auf welchem er damals die Jäger belauscht und beobachtet hatte, mied er. Die könnten ja wiederkommen. Daher hatte er andere gute Plätze ausspioniert, wo auch die Gämse standen und er den richtigen Wind und die gute Position fand, um endlich zum erfolgreichen Jagderlebnis zu kommen.

Es war der letzte Tag der Herbstferien und nur wenige Wolken standen am Horizont, als er die Höhe erreichte, um sich an einem der grüngelben Hänge dem Gamsrudel von der günstigsten Seite her zu nähern, wo er zwischen tarnenden Büschen den besten Standplatz gefunden hatte.

Es war schon gegen Abend, als er aufbrach, und er musste bewusst den Rüffel der Mutter in Kauf nehmen, denn das erlegte Wild wollte er keinesfalls bei lichtem Tage transportieren.

Lenz zwang sich zur Ruhe, als er die Waffe lud und ließ sich beim Zielen Zeit, bis sein Atem und Herz im Gleichmaß waren, dann drückte er ab. Die Gams tat einen Sprung und sackte zusammen. Alles lief ab, wie bei den Jägern vergangenes Jahr. Wie im Rausch pirschte er sich nach einigen Minuten des Abwartens an seine erste Jagdbeute heran.

Den Hund hatte er damals nicht als solche betrachtet. Das war Notwehr gewesen, Rache. Aber nun war er am Ziel seiner sehnsüchtig gehegten Wünsche.

Die Gams war tot. Mit aller Kraft zog er sie in die Deckung, um auch nicht aus der Ferne sichtbar zu sein, falls jemand auf den Schuss reagieren sollte. Lenz war gut vorbereitet. Sein zu Weihnachten erhaltenes starkes Taschenmesser und eine Umhängtasche für die ausgelösten Teile hatte er mitgenommen. Fast schon wie ein geübter Waidmann ging er zu Werke, und ein archaisches Mannsgefühl durchströmte ihn, als er einerseits die gefüllte Tasche

und andererseits das Gewehr wieder schulterte. Die Reste ließ er den Raubvögeln und Füchsen zurück.
Aber wohin nun mit der Jagdbeute, dem wertvollen Wildbret? Auch hierfür hatte er sich eine Geschichte ausgedacht. Den arglosen Eltern wollte er erzählen, man habe ihm für Hilfsdienste im Tal bei einem umgekippten Wagen das Fleisch, das verschmutzt war, angedient und er habe es gereinigt, so gut es ging. Ja, Lenz war raffiniert geworden.
Vater und Mutter glaubten der Erzählung und es gab herrlichen Wildbraten. Der Großteil wurde, wie das Schaffleisch, geräuchert oder eingepökelt.
Der Junge aber lag nachts wach und dachte darüber nach, dass er nun ein Wilderer geworden war und im Sinne des Gesetzes ein Verbrecher.

Die Zeit verging und der Mensch gewöhnt sich an seine erworbenen Eigenschaften. So auch Lenz, der immer geschickter und dreister seiner Leidenschaft nachging, immer ausgefallenere Ausreden erfand und, vom Glücke begünstigt, immer nachlässiger wurde.
Natürlich wurden die Schüsse gehört und man überlegte, was es damit auf sich habe. Der Hund mochte abgestürzt oder irgendwo verendet sein und eine Gams wurde nicht vermisst. Aber die Jäger waren aufmerksam geworden, als auch ein kapitaler Hirsch nicht mehr gesehen wurde und man begann, sich ernste Gedanken zu machen, wie man den mutmaßlich tätigen Wilddieb ausfindig machen könne. In den Wirtschaften der Gegend wurden heimlich Verdächtigungen besprochen, sogar ei-

nige Hausdurchsuchungen angeordnet und die Jagdbereiche vorsichtig besser beobachtet.
Lenz hatte davon keine Ahnung und umgekehrt kam niemand auf die Idee, der Gesuchte könne aus dem kleinen, hoch gelegenen Berghof der Aargauer kommen.
Die größte Sorge des Jungen war, wie er den Eltern nach jedem Jagderfolg das Wildbret glaubwürdig aufschwätzen konnte, ohne dass sie »den Braten rochen«. Die Mutter hatte schon eine Weile das Gefühl, dass der muntere Sohn das Fleisch aus nicht ganz hasenreinen Umständen bezog, aber die Möglichkeit, er wäre selbst der Schütze, kam ihr nicht im Entferntesten in den Sinn.
Erneut war es Winter geworden. Zwei Jagdaufseher durchstreiften das Revier, als sie einen Schuss vernahmen. Die erfahrenen Männer waren geübt, zwischen der Herkunft des Knalles und dem Echo zu unterscheiden und so waren sie sich sofort einig, wo das Geschoss seinen Ursprung hatte. Durch Schnee und Gestrüpp arbeiteten sie sich in diese Richtung voran. Die Sicht war noch halbwegs gut, bei Jägern »letztes Büchsenlicht« genannt, als der eine hoch oben am Grat gegen den Abendhimmel eine Gestalt sah, die eindeutig ein Gewehr geschultert trug.
»Der Wilddieb!«, raunte er beklommen und deutete vorsichtig nach oben.
Bald konnten sie Stiefelspuren im Schnee erkennen, die sich im steileren Felsbereich verloren und dann wieder auftauchten.
Vorsichtig, sich nur durch Gesten verständigend, tasteten sie sich weiter. Als sie unter der vorgelagerten Steil-

stufe standen, verharrten sie und einer nahm die Büchse zur Hand. Die Gestalt trat plötzlich aus dem Hintergrund und schien sich zu nähern.
»Halt!«, schrie der eine und lud das Gewehr durch. Der andere aber hatte dieses schon erhoben und als der Angerufene reflexartig auch danach zu greifen schien, drückte er ab.
In vielen Übungen hatte er gelernt, auf die Beine zu zielen und so traf er auch. Der Getroffene verlor das Gleichgewicht und stürzte die Felsstufe herab, schlug kurz auf und sein haltloser Körper rutschte über den gefrorenen Schnee und über den nächsten Steilabsatz hinab.
Die beiden Jäger standen eine Weile sprachlos da.
»Warum hast du gleich geschossen?«, fragte der eine erschrocken.
»Ich dachte, er greift zur Waffe«, antwortete der andere. »Komm, wir sehen nach ihm.«
Es war inzwischen recht dunkel geworden, besonders im Schatten des Berges vor dem westlichen Horizont, und so hatten sie Mühe, den Gestürzten zu finden, da sie die Stelle nur durch einen Umweg erreichen konnten.
Als sie ihn fanden, zündeten beide zugleich ihr Feuerzeug an.
»Mein Gott, ein Junge!« rief der Schütze in jammerndem Ton.
Die Waffe fanden sie etwas abseits und trugen sodann den toten Körper langsam auf den Schultern zu Tal wie einen gefallenen Recken. Das Licht des aufgehenden Mondes beleuchtete die Szene, als handle es sich um eine antike Grablegung.

Die Verzweiflung der Eltern ist vorstellbar, als sie in dem Toten ihren Sohn erkennen mussten. Dieses Drama bedarf keiner Schilderung.
Vielleicht aber war der junge Lorenz Aargauer der letzte echte Wildschütz unserer Epoche.